योगेश्वर

(श्रीमद्भगवद्गीता का दोहा अनुवाद)

योगेश्वर

(श्रीमद्भगवद्गीता का दोहा अनुवाद)

सुधा शर्मा

नोशन प्रेस मीडिया प्राइवेट लिमिटेड

चेन्नई- 600095

योगेश्वर

(श्रीमद्भगवद्गीता का दोहा अनुवाद)

कवयित्री : सुधा शर्मा

ISBN : 9798905602894

प्रकाशक

नोशन प्रेस मीडिया प्राइवेट लिमिटेड

नंबर 50, चेट्टियार अगरम मेन रोड, वनग्राम, चेन्नई, तमिलनाडु 600095

संस्करण : 2026

मूल्य : 225 /-

श्रद्धेय जनक-जननी

स्व. डॉ. जवाहर लाल तिवारी एवं स्व. सुमन तिवारी

को समर्पित

भूमिका

श्रीमद्भगवद्गीता जीवन-दर्शन भी है और आचरण-संहिता भी। यह योगेश्वर श्रीकृष्ण का शाश्वत वह संदेश है, जो कालजयी है। पराधीनता की पीड़ा के कारण संस्कृत की संस्कृति भी प्रभावित हुई और अमूल्य ग्रंथ भी विलुप्ति के कगार पर चले गए। इन ग्रंथों के पुनर्मूल्यांकन और पुनर्पाठ का प्रारंभ क्या हुआ, संस्कृत के अमूल्य ग्रंथों के हिंदी के साथ भारतीय और लोकभाषाओं में अनुवाद के कार्य गतिमान हुए।

श्रीमद्भगवद्गीता के अनुवाद सर्वाधिक हुए तथा वैश्विक क्षितिज पर भी इसके मूल्याकंन शुरु हुए। गूढ़ गंभीर श्लोकों और छंदों का हिंदी में अनुवाद दुष्कर कार्य है। इसका शब्दानुवाद या भावानुवाद भी जटिल है, लेकिन काव्यानुवाद में परकाया-प्रवेश की प्रक्रिया अत्यावश्यक है। यही श्रमसाध्य और साधनाजनित कार्य करके कवयित्री सुधा शर्मा जी ने **योगेश्वर** शीर्षक से श्रीमद्भगवद्गीता का दोहा छंद में अनुवाद करके महत्वपूर्ण स्थापना दी है। इसमें मूल कृति की आत्मा भी सुरक्षित है और दोहा छंद का सार्थक निर्वहन भी।

दोहा, नामानुरूप दो पंक्तियों का लघु छंद है, जिसमें चार चरण क्रमश: तेरह और ग्यारह मात्राओं की समासोक्ति से संपूरित अर्थात् गागर में सागर या बूँद में समुद्र सदृश संचरित है। हिंदी के प्रथम महाकवि चंदबरदाई के शब्द-भेदी बाण और रीतिकालीन कवि बिहारी के राजा जयसिंह को रास्ते पर लाने का इतिहास इसी दोहे की करामात है। **देखन म छोटे लग्यो, घाव करे गंभीर** को संधारण करने वाला दोहा छंद सार-सार में सारे संसार को सँजोने में सक्षम रहा है। इसी का सुंदर और सफल प्रयोग करके कवयित्री यशस्वी रही हैं। छत्तीसगढ़ प्रदेश में संस्कारी पाठक इनसे भलीभाँति सुपरिचित हैं। यह कृति इनके इहलोक और परलोक को सँवारने में सक्षम सिद्ध होगी, इसमें दो मत नहीं।

शुभकामनाओं सहित -

डॉ. विनय कुमार पाठक
पूर्व अध्यक्ष, छत्तीसगढ़ राजभाषा आयोग
कुलपति, थावे विद्यापीठ, गोपालगंज (बिहार)
निवास - अज्ञेय नगर, बिलासपुर (छत्तीसगढ़)

लेखकीय

प्रिय आत्मन्,

।।राधे-राधे, जय श्रीकृष्ण।।

श्रीमद्भगवद्गीता महाभारत युद्ध के दौरान कुरुक्षेत्र में भगवान श्री कृष्ण द्वारा कही गई अमृत वाणी है। अपने परिजनों को युद्ध के मैदान पर समर हेतु तत्पर देख कुंती पुत्र अर्जुन के मन में क्षोभ और मोहवश उठी किंकर्तव्यविमूढ़ता की भावना को दूर करने हेतु रथ का सारथी बने श्रीकृष्ण के मुख से निःसृत कर्म, ज्ञान, भक्ति और सांख्य योग की जो सुधारस प्रवाहित हुई, वही गीता कहलाई।

फलासक्ति के बिना कर्म, ईश्वर में प्रेमासक्ति, आत्म रूप का ज्ञान देना, मन में छाई अज्ञानता के तिमिर को दूर करना गीतावाणी का उद्देश्य है। गीता हर युग में प्रासंगिक है। वर्तमान में अज्ञानता के गहन समुद्र में डूबे हुए मानव समाज को गीता, जीवन जीने का मार्ग दिखाती है। योगेश्वर भगवान श्रीकृष्ण ने अर्जुन को सिर्फ गीता सुनाया नहीं, बल्कि पूरी मानव जाति के लिए एक पतवार के रूप में प्रस्तुत किया है। प्राचीन समय में श्रीकृष्ण ने देववाणी संस्कृत में गीता को कहा था। युग परिवर्तन होता रहा, परंतु गीता की महत्ता कम नहीं हुई, अपितु समय के साथ इसकी उपादेयता और भी बढ़ती गई। गीता जीवन के अंतिम सफर तक ग्राह्य होती आई है और होती रहेगी।

संस्कृत में वाचन करना और उसका परायण करना आसान नहीं है। सभी के समझने के लिए इसे सरलीकृत करना आवश्यक था। यही कारण है कि विभिन्न विद्वानों द्वारा अलग-अलग समय में भिन्न-भिन्न भाषाओं में श्रीमद्भगवद्गीता का अनुवाद किया गया। यह भी सही है कि इसका संपूर्ण अनुवाद करना मुश्किल है। श्रीमद्भगवद्गीता में कुल सात सौ श्लोक हैं। हर श्लोक अपने में पूर्ण अर्थमय है।

मेरी माता सुमन तिवारी धार्मिक प्रवृति की महिला थीं। रामायण-गीता का हमेशा पाठ किया करती थीं। मुझे सुनने में अच्छा लगता था। तब मैंने लिखना प्रारंभ नहीं किया था। मैंने अपने साहित्यिक सृजन की कड़ी में कभी सोचा नहीं था कि गीता का दोहानुवाद करूँगी। परंतु हुआ यह कि मेरे पिता जी डॉ. जे. एल. तिवारी, जो कैंसर पीड़ित थे, उनका प्रवास मेरे निज निवास राजिम में था। गले का आप्रेशन हुआ था, अतः बोल नहीं पाते थे। जीवन अल्प समय रह गया था, अतः रोज उनको मेरे पतिदेव गीता पढ़कर सुनाया करते थे। तब मैं सोचती थी कि काश गीता को पद्य रूप में कहा होता, तो सुनने-पढ़ने दोनों में सरल होता।

खैर, समयांतर में मेरे पिता जी देवलोक गमन कर गए। तीन वर्षों पश्चात् मेरी माँ का भी हृदयगति रुकने से निधन हो गया। तेरहवीं के कार्यक्रम में ब्राह्मण भोज कराया गया। जिसके पश्चात् गीता वितरण किया गया, जो परंपरागत चला आ रहा है। तभी पुनः मेरे मन में विचार आया कि इस वितरित गीता की क्या उपयोगिता है? क्या यह पढ़ी जाती है या घर के कोने में रख दी जाती है। मुझे लगा कि मेरी दूसरी बात ही सही है। शायद पद्य में लिखी गई होती तो सभी पढ़ते। मुझे लगा कि मैं कोशिश करूँ, तो शायद गीता का अनुवाद कर सकती हूँ। परंतु विचार को कार्य में रूपांतरित नहीं कर पाई। शायद उचित अवसर नहीं आया था। पर कहते हैं न, चाह को राह मिल ही जाती है। कुछ वर्षों पश्चात् किसी साहित्यिक ग्रुप में जुड़ने का अवसर मिला। दैनिक कार्यक्रम में गीता अनुवाद करने का विषय दिया गया। जहाँ मुझे अपनी इच्छा पूर्ण होती दिखाई दी और धीरे-धीरे मैंने गीता के श्लोकों का दोहे में अनुवाद करना प्रारंभ किया। काम थोड़ा कठिन था, पर ईश्वर की कृपा से पूर्ण हो गया।

यूँ तो चार वर्ष पहले इसे पूर्ण कर चुकी थी, पर प्रकाशित करने का अवसर नहीं मिल पाया था। कारण, कुछ और कृतियों के प्रकाशन में लग गई थी। इस बीच कहानी संग्रह, गीत संग्रह, दोहा संग्रह, कुंडलिया संग्रह छपकर आ चुकी थी, परंतु गीता का प्रकाशन नहीं हो पाया। अब इस नए वर्ष में श्रीमद्भगवद्गीता के प्रकाशन का संयोग हुआ है।

योगेश्वर की भूमिका लेखन हेतु आदरणीय डॉक्टर विनय कुमार पाठक जी ने सहर्ष स्वीकृति प्रदान की। इसके लिए मैं उनका आभार व्यक्त करती हूँ।

प्रिय पाठको, मैंने अपनी ओर से बेहतर देने का प्रयास किया है, फिर भी त्रुटियाँ संभावित हैं। श्रीमद्भगवद्गीता के दोहा अनुवाद में संस्कृत का श्लोक नहीं रखा गया है। क्रमबद्ध रूप से दोहा अनुवाद प्रस्तुत किया गया है। इसमें सरल शब्दों का ही प्रयोग किया गया है, जिसे सभी सरलता से पठन कर सकते हैं। बच्चे भी आसानी से कंठस्थ कर सकते हैं। गीता का हर श्लोक अपने में महत्वपूर्ण है। आशा करती हूँ कि प्रबुद्ध पाठकगण ईश्वर की इस महती कृपा को यथोचित स्थान देंगे।

02.01.2026 **सुधा शर्मा**

राजिम

गीता का अनुक्रम

मंगलाचरण

जब-जब उद्भव हुआ सृष्टि का
तुम ही तो आधार रहे।
सूक्ष्म रूप में तुम्हीं समाए
वृहत रूप संसार रहे।

माटी का खिलौना बनाकर
संचारित नव-प्राण किया।
साँसों में मधु-सरगम भरकर
जीवों को अनुदान दिया।
प्रतिपाल करे बिन ही बदले
तुम ही तो दातार रहे।
सूक्ष्म रूप में तुम्हीं समाए
वृहत रूप संसार रहे।

अधखिली कलियों को खिलाते
मातृ-कोख में वरदानी।
शिशु अबोध प्राणों का संबल
रचे तुम्हीं नव्य कहानी।
मूर्त रूप पीड़ा को देकर
प्रभु अनुपम कृतिकार रहे।
सूक्ष्म रूप में तुम्हीं समाए
वृहत रूप संसार रहे।

प्रेमिल हरेक प्रेम पथिक को
अमर प्रेम गीत सिखाते।
भावों में ही बंधित होकर
रूप अनुरूप धर आते।
अंतर्भावों में नृःसृत होकर
नित्य प्रेम रसधार रहे।
सूक्ष्म रूप में तुम्हीं समाए
वृहत रूप संसार रहे।

तुम ही पाथेय अमर पथ के
जीवन गान बने मधुकर।
तुमने ही छेड़ा सुरम्य धुन
गूँज रहा चँहुदिशि मनहर।
सप्त सुरों के तान छेड़ते
वीणा के ध्रुव तार रहे।
सूक्ष्म रूप में तुम्हीं समाए
वृहत रूप संसार रहे।

प्राणों में नव-उत्स जगाकर
प्रतिपल करे अठखेलियाँ।
महाबीज से पल्लव फूटे
लहरी उर प्रेम-बेलियाँ।
हिय प्रांगण के महारास में
तुम्ही प्रीत श्रृंगार रहे।
सूक्ष्म रूप में तुम्हीं समाए
वृहत रूप संसार रहे।

जब-जब कृति को अर्थ मिला है
तब-तब अभिनव सुमन खिला।
फूल-फूल के मकरंद बसे
अनुपम परिमल चारु मिला।
सृष्टि के कण-कण के सृष्टा
तुम्हीं वसंत बहार रहे।
सूक्ष्म रूप में तुम्हीं समाए
वृहत रूप संसार रहे।

कुरुक्षेत्र में जब अर्जुन को
करुण भाव ने घेर लिया।
मन विषाद से भरा हुआ था
युद्ध विमुख मुँह फेर लिया।
कर्म, भक्ति अरु सांख्य योग का
अमिरस गीता सार रहे।
सूक्ष्म रूप में तुम्हीं समाए
वृहत रूप संसार रहे।

❖

अध्याय 1

अर्जुन विषाद योग

श्रीमद्भगवद्गीता के प्रथम अध्याय में धृतराष्ट्र द्वारा संजय को कुरुक्षेत्र की वस्तुस्थिति के बारे में बताने को कहा जाता है। संजय दिव्य दृष्टि से देखकर बताते हैं कि युद्ध क्षेत्र में सभी योद्धा अपने-अपने शंखनाद द्वारा युद्ध की घोषणा कर रहे हैं।

अर्जुन अपने सारथी योगेश्वर भगवान श्री कृष्ण को समर क्षेत्र के मध्य में रथ ले जाने की प्रार्थना करते हैं, ताकि वह सभी योद्धाओं का अवलोकन कर सकें। श्री कृष्ण द्वारा रथ को दोनों सेनाओं के मध्य में लाने के पश्चात् अर्जुन अपने ही परिजनों को युद्ध हेतु तत्पर देख मोह और क्षोभ से व्याकुल हो जाते हैं।

मोहाच्छादित अर्जुन अज्ञानतावश युद्ध के भीषण परिणाम और अपनों के वध से होने वाले पाप को सोचकर श्री कृष्ण से युद्ध न करने की बात कहते हुए गांडीव नीचे रखकर रथ के पृष्ठ भाग में किंकर्तव्यविमूढ़ होकर बैठ जाते हैं।

1. धृतराष्ट्र उवाच

संजय कह कुरुक्षेत्र में, मेरे पांडव पुत्र।
समर लालसा भर हृदय, करते क्या हैं सूत्र।।

2. संजय उवाच

देखा पांडव सैन्य को, रचित व्यूह संजाल।
दुर्योधन गुरु द्रोण से, वचन कहे तत्काल।।

3. दुर्योधन उवाच

हे गुरुवर अब देखिए, पांडु तनय सहकार।
धृष्टधुम्न रच व्यूह हैं, शिष्य प्रवर आचार।।

4.

इस सेना में है विकट, महा धनुर्धर वीर।
अर्जुन भीम विराट हैं, और द्रुपद रणधीर।।

5.

धृष्टकेतु सम वीर हैं, पुरुजित चेकीतान।
शैव्य उत्तमौजा खड़े, काशी नृप बलवान।।

6.

कुंतिभोज अभिमन्यु हैं, वीर सुभद्रा लाल।
पाँचों सुत हैं द्रौपदी, समर खड़े हैं काल।।

7.

विप्र प्रवर अब देखकर, करें पक्ष पहचान।
सैन्य बली है कौन निज, प्राप्त करें संज्ञान।।

8.

भीष्म पितामह द्रोण हैं, अश्वत्थामा कर्ण।
कृपाचार्य रणजीत हैं, भूरिश्रवा विकर्ण।।

9.

ऐसे भी अन्यान्य हैं, अस्त्र-शस्त्र ले साज।
सभी समर चातुर्य हैं, मेरी खातिर आज।।

10.

सेना निज रक्षित हुए, भीष्म पितामह साथ।
सुगम भीम की सैन्य से, विजय हमारे हाथ।।

11.

अत: आप मोर्चा सभी, देखें निज-निज ठाँव।
भीष्म पितामह रक्षिते, चहुँ दिशि बनना छाँव।।

12. संजय उवाच (दोनों सेनाओं की शंखध्वनि का कथन)

दुर्योधन हर्षित करे, शंख फूँक सरदार।
उच्च नाद कर सिंह सम, भीष्म उठे ललकार।।

13.

शंख नगाड़े ढोल सब, बजने लगे मृदंग।
नरसिंघे की नाद से, गूँजित हुआ अभंग।।

14.

श्वेत अश्व आरूढ़ हैं, श्री माधव रसराज।
पार्थ संग हैं फूँकते, शंख अनोखा आज।।

15.

पाँचजन्य हैं फूँकते, मनमोहन भगवान।
देवदत्त अर्जुन लिए, पौंड्र भीम कर शान।।

16.

शंख युधिष्ठिर फूँकते, गूँजे विजय अनंत।
मणिपुष्पक सहदेव ले, नकुल सुघोष दिगंत।।

17.

काशिराज के श्रेष्ठ धनु, राजा द्रुपद विराट।
धृष्टधुम्न सात्यकि सभी, वीर शिखंडी बाट।।

18.

पांचाली पाँचों तनय, भुज अभिमन्यु विशाल।
फूँक रहे चहुँ ओर से, निज-निज शंख निकाल।।

19.

हे राजन उस शंख से, हुआ भयंकर शोर।
धरती-अंबर गूँजते, काँपे कुरु हिय घोर।।

20. संजय उवाच (अर्जुन द्वारा सेना निरीक्षण का प्रसंग)

राजन आगे कृष्ण से, अर्जुन कहते बोल।
हे अच्युत चलिए जहाँ, सेना दोनों ओर।।

21. अर्जुन उवाच

कौन-कौन अभिलाष ले, डटे समर मैदान।
देख विपक्षी सामने, ले लूँ मैं संज्ञान।।

22.

दुर्योधन का हित लिए, आए भू संग्राम।
योद्धा जो राजा सभी, देखूँ निज आयाम।।

23. संजय उवाच

सुनो नृपति संजय कहे, सुन अर्जुन के बोल।
दोनों सेना मध्य में, कृष्ण लिए रथ डोल।।

24. कृष्ण उवाच

भीष्म द्रोण हैं सामने, भूपति खड़े अनेक।
पार्थ जुटे सब युद्ध को, कहते केशव देख।।

25. संजय उवाच

देखा अर्जुन ने वहाँ, शीश उठा चहुँ ओर।
सभी खड़े समुदाय में, निज कुटुंब सब छोर।।

26.

दादा परदादा खड़े, चाचा ताऊ तात।
गुरु मामा भाई सभी, पौत्र मित्र कर घात।।

27.

युद्ध भूमि में देखकर, बंधु-बांधवों नात।
महाविकल अर्जुन हुआ, कहे खेदमय बात।।

28. अर्जुन उवाच

रण आकांक्षा है लिए, केशव बंधु समाज।
देख अंग होता शिथिल, सूख रहा मुख आज।।

29.

रोम-रोम है ठाढ़ अब, कंपित होता गात।
छूटे कर गांडीव है, लगी त्वचा में आग।।

30.

शक्ति नहीं अब थिर रहूँ, मन चकराए आज।
केशव लक्षण है उलट, बधिक बनूँ न समाज।।

31.

राज नहीं अब चाहिए, और सभी सुख आप।
इन स्वजनों को मारकर, होगा पश्चातापा।

32.

नहीं विजय अब माँगता, हे केशव सुख राज।
नेक प्रयोजन है नहीं, जीवन में यह काज।।

33.

राज्य भोग सुख चाहते, संग सदा परिवार।
वही त्याग सब आस को, खड़े युद्ध तैयार।।

34.

तात-भ्रात गुरुवर सभी, परिजन आए साथ।
मामा साला पौत्र भी, स्वजन खड़े हैं नाथ।।

35.

वध ये मेरा भी करें, हे मधुसूदन आज।
चाहूँ कभी न मारना, मिले लोक भी राज।।

36.

पुत्रों को धृतराष्ट्र के, वध कर पाऊँ हर्ष।
पाप लगे सब मारकर, केशव बस अपकर्ष।।

37.

संतति सब धृतराष्ट्र के, माधव सकूँ न मार।
जन कुटुंब को मारकर, सुखी न हो परिवार।।

38.

भ्रष्ट चित्त ये लोग हैं, भरा हृदय में लोभ।
मित्र-द्रोह कुल-नाश का, पाप लगे कब क्षोभ।।

39.

जानबूझकर क्यों करें, हे केशव यह पाप।
कुल-घाती हम क्यों बनें, सोचें किंचित आप।।

40.

होता कुल के नाश से, धर्म सनातन नष्ट।
धर्म नाश हो फैलता, पाप सभी कुल कष्ट।।

41.

पाप वृद्धि होती तभी, होती दूषित नार।
वहीं वर्ण संकर सभी, होते माधव भार।।

42.

संतति संकर वर्ण से, होता कुल का नाश।
वंचित तर्पण नीर सब, करे अधोगति वास।।

43.

वर्ण संकरा दोष से, जाति-धर्म हो भ्रष्ट।
जाति पतन कुल सब करे, धर्म सनातन नष्ट।।

44.

धर्म नष्ट जो कुल हुआ, पाया है अभिशाप।
सुनें जनार्दन वह सदा, नरक भोगता पाप।।

45.

हाय ! बुद्धि होकर सभी, करते पापाचार।
राजभोग की आस ले, प्रियजन करे प्रहार।।

46.

शस्त्ररहित मुझ पर अगर, करे शस्त्रधर वार।
हुआ समझ कल्याण है, सुत धृतराष्ट्र प्रहार।।

47. संजय उवाच

अर्जुन शोकाकुल हुए, बाण सहित धनु त्याग।
जा बैठे रथ पृष्ठ में, संजय बोले बात।।

❖

अध्याय 2

सांख्य योग

श्रीमद्भगवद्गीता के द्वितीय अध्याय में योगेश्वर भगवान श्री कृष्ण अर्जुन को सांख्य योग के बारे में बताते हैं। इसमें आत्मा की अनश्वरता और क्षणभंगुर शरीर का वर्णन है। श्री कृष्ण अर्जुन को समत्व भाव से कर्म करने और इंद्रिय निग्रह कर निष्काम कर्म करने की प्रेरणा देते हैं।

इस अध्याय में श्री कृष्ण अर्जुन का मोह भंग करते हैं तथा उन्हें कर्म योग के माध्यम से जीवन के वास्तविक उद्देश्य की ओर ले जाने का संदेश देते हैं। इसके साथ ही, स्थितप्रज्ञ पुरुष के लक्षण और उसकी महिमा का भी वर्णन करते हैं।

1. संजय उवाच (कृष्ण-अर्जुन संवाद)

संजय कहते देखकर, अर्जुन पीर अधीर।
बोले कृष्णा मधु वचन, पार्थ नयन लख नीर।।

2. कृष्ण उवाच

हे अर्जुन असमय कहो, किस कारण मन खिन्न।
नहीं श्रेष्ठ नर आचरित, स्वर्ग कीर्ति से भिन्न।।

3.

नहीं नपुंसक तुम बनो, उचित नहीं यह काज।
दुर्बलता हिय तज सभी, पार्थ युद्ध कर आज।।

4. अर्जुन उवाच

मधुसूदन रणभूमि में, निज बाणों संधान।
पूज्य पितामह संग गुरु, कैसे ले लूँ जान।।

5.

अत: करूँ भिक्षा ग्रहण, समझ हुआ कल्याण।
रुधिर सने सुख से कहीं, करूँ मैं परित्राण।।

6.

ज्ञात नहीं है आज ये, जीत मिले या हार।
खड़े समर में श्रेष्ठ जन, करूँ नहीं संहार।।

7.

मोहित मेरा मन हुआ, कायरता भरपूर।
शरणागत हूँ माधवा, करें भ्रांति सब दूर।।

8.

राज मिले देवत्व का, या भोगूँ धन-धान्य।
शोक हृदय का दूर हो, नहीं जतन ये मान्य।।

9. संजय उवाच

निद्रा विजयी पार्थ ने, कही किशन से बात।
करूँ नहीं बस युद्ध मैं, खिन्न हृदय आघात।।

10.

भरत वंश के नृप सुनो, कृष्णा अंतरयाम।
शोकयुक्त कौंतेय को, कहे वचन अविराम।।

11. कृष्ण उवाच (सांख्य योग का विषय)

नहीं शोक के योग्य हैं, करता उन पर शोक।
ज्ञानी जन करते नहीं, प्राण मोह भू लोक।।

12.

मैं तू ये राजा सभी, नहीं रहे सब काल।
अर्जुन ऐसा है नहीं, आएँगे हर हाल।।

13.

जीवात्मा की देह में, भिन्न-भिन्न है रूप।
धीर न मोहित हो कभी, काया प्राप्ति अनूप।।

14.

शीत ताप सुख दुख सभी, इंद्रिय विषया जाल।
हे भारत तू सह इसे, है अनित्य सब काल।।

15.

पुरुष श्रेष्ठ सुख दुख सुनो, समझे धीर समान।
विषय नहीं आकुल करे, मोक्ष योग्य वह जान।।

16.

नहीं असत का मूल है, सत का नहीं अभाव।
पुरुष तत्व ज्ञानी सदा, देखे तत्व प्रभाव।।

17.

दृश्य मान जो व्याप्त है, फैला अखिल वितान।
अविनाशी अर्जुन वही, पार ब्रह्म भगवान।।

18.

अर्जुन तू बस युद्ध कर, सुन ले मेरी बात।
नाशरहित है आत्म सब, नाशवान ये गात।।

19.

अज्ञानी है वह मनुज, नहीं तनिक भी ज्ञान।
समझे आत्मा मारती, या नश्वर ले मान।।

20.

जन्म-मृत्यु होते नहीं, आत्म अनश्वर काल।
नित्य सनातन है यही, तन बदले तत्काल।।

21.

नाशरहित है नित्य ही, आत्म अजन्मा मान।
पुरुष भला मारे उसे, कैसे अर्जुन जान।।

22.

मनुज पुरातन त्याग ज्यों, ओढ़े नव परिधान।
धरे आत्म नव देह यों, होता तन अवसान।।

23.

शस्त्र काट सकता कभी, करता दग्ध न आग।
नीर गला पाए नहीं, सोखे पवन न जाग।।

24.

है अदाह्य अच्छेद्य ये, रहता अशोच्य नीर।
अजर अमर ये आत्म है, सदा सनातन चीर।।

25.

आत्म नित्य अव्यक्त है, किंचित नहीं विकार।
समझो तुम अर्जुन इसे, उचित न शोकाचार।।

26.

जन्म-मरण यदि मानता, आत्मा का हे पार्थ।
नहीं उचित है शोक ये, व्यर्थ करे क्यों आर्त।।

27.

जन्म-मरण निश्चित सदा, हे अर्जुन ये मान।
नहीं शोक करना तनिक, गूढ़ तत्व ये जान।।

28.

हे अर्जुन अव्यक्त सब, जन्म पूर्व या बाद।
केवल मध्य प्रकट सभी, फिर कैसा अवसाद?

29.

महापुरुष ही देखता, विस्मय आत्मा तत्व।
कोई सुनता है चकित, जान न पाए सत्व।।

30.

आत्मा सदा अबध्य है, हे अर्जुन सब गात।
इसीलिए मत शोक कर, समझो मेरी बात।।

31.

नहीं योग्य तू भय करे, देख समझ ये मर्म।
धर्म युद्ध से दूसरा, और न क्षत्रिय कर्म।।

32.

मिला सहज ही पार्थ ये, खुला स्वर्ग सम द्वार।
भाग्यवान क्षत्रिय वही, करे युद्ध यह सार।।

33.

धर्मयुक्त इस युद्ध को, नहीं किए जो आप।
धर्म-कीर्ति खोकर सदा, पाओगे तुम पाप।।

34.

दीर्घ काल हो चर्चिता, कथन कीर्ति अपमान।
वीर पुरुष अपकीर्ति से, होता मृत्यु समान।।

35.

करते थे सम्मान जो, लघुतम जाने मान।
चले छोड़ रण को समझ, माने भीरु सुजान।।

36.

निंदा बैरी तव करें, वाणी कहें अयोग्य।
कहें हीन सामर्थ्य जब, भीषण दुख हो भोग्य।।

37.

स्वर्ग मिलेगा मृत्यु से, राज युद्ध से भोग।
समर जीत हे पार्थ अब, कर निश्चय तू योग।।

38.

लाभ-हानि सुख-दुख सभी, जीत-हार सम माप।
हो तत्पर तू युद्ध को, नहीं लगेगा पाप।।

39. (कर्म योग का विषय)

ज्ञान योग था पार्थ ये, सुना लगाकर ध्यान।
काट सकोगे बंध सब, कर्म योग सुन ज्ञान।।

40.

नहीं बीज का नाश है, और न फल का दोष।
जन्म-मृत्यु भयमुक्त कर, कर्म करें निज कोष।।

41.

कर्म योग में पार्थ सुन, आत्म बुद्धि हो एक।
अस्थिर विवेकहीन ही, रखते भाव अनेक।।

42.

अर्जुन तन्मय जो रहे, कर्म भोग आसक्त।
वेदवाक्य में प्रीति रख, हुए प्रशंसक भक्त।।

43.

स्वर्ग प्राप्ति से ही बड़ा, सोच नहीं हो चाह।
है अविवेकी वह मनुज, चले दिखावा राह।।

44.

करें विविध ही कर्म वे, नहीं चित्त अविकार।
फँसे भोग आसक्ति में, सुदृढ़ रखे न विचार।।

45.

त्रिगुणमयी सब कार्य का, करे वेद प्रतिपाद।
अनासक्त हो पार्थ तू, अंतर्मन भर नाद।।

46.

ब्रह्म तत्व जो जान ले, विप्र वेद का ज्ञान।
जो सम्मुख हो वारिधी, लघु सरोवर क्या मान।।

47.

रहे कर्म अधिकार में, फल कब तेरे हाथ।
इच्छा फल की रख नहीं, कर्म सदा कर साथ।।

48.

पार्थ ! त्याग आसक्ति को, सिद्धि-असिद्धि समान।
योग कर्म में हो निरत, फल समत्व को जान।।

49.

बुद्धि योग सम रूप से, कर्म निकृष्ट सकाम।
अहो धनंजय कर ग्रहण, बुद्धि योग निष्काम।।

50.

पाप-पुण्य को त्यागता, विद समत्व इंसान।
कर्म-बंध से छूटता, अर्जुन सच पहचान।।

51.

त्याग करे जो कर्म फल, रहे बुद्धिसम युक्त।
प्राप्त परम पद वो करे, जन्म-बंध से मुक्त।।

52.

मोह रूप इस कीच से, बुद्धि करे जब पार।
भूल लोक-परलोक की, मिले योग का सार।।

53.

भाँति-भाँति के सुन वचन, विचलित बुद्धि अस्थिर।
करे योग को प्राप्त जब, हिय परमात्मा धीर।।

54. अर्जुन उवाच

चलना उठना बोलना, लक्षण क्या है साथ।
प्राप्त हुए परमात्म को, समाधिस्थ जो नाथ।।

55. कृष्ण उवाच

सुन अर्जुन जिस काल में, तजे कामना विज्ञ।
स्थितप्रज्ञ होता वही, आत्म तुष्ट हो भिज्ञ।।

56.

राग क्रोध सब नष्ट हो, दुख में रहे न आप्त।
सुख में निःस्पृह सर्वथा, वही बुद्धि थिर प्राप्त।।

57.

नेह-रहित जो सर्वदा, करता हर्ष न शोक।
करे अशुभ-शुभ प्राप्त भी, सम्यक रहता लोक।।

58.

समेटता ज्यों कूर्म है, अपने सारे अंग।
मनुज बुद्धि वह थिर रहे, हटा इंद्रियों संग।।

59.

विषय ग्रहण से दूर भी, खत्म न हो आसक्ति।
पुरुष प्रज्ञ वह थिर रहे, करे ईश अनुरक्ति।।

60.

हे अर्जुन आसक्ति का, करे नहीं जो नाश।
करती वश में इंद्रियाँ, और बुद्धि का ह्रास।।

61.

इंद्रिय संयम जो करे, मुझे चित्त रख ध्यान।
वही जगत में पार्थ सुन, बुद्धि रहे थिर जान।।

62.

चिंतन विषयों का करे, पुरुष रहे आसक्ति।
लिप्त जनित हो कामना, विघ्न क्रोध उत्पत्ति।।

63.

मूढ़ भाव हो क्रोध से, ज्ञान शक्ति का नाश।
बुद्धि नाश हो जो मनुज, करे पतन निज ह्रास।।

64.

मन को वश में कर लिया, राग-द्वेष से दूर।
विषय विचर कर भी रहे, आत्म-सुखी भरपूर।।

65.

आत्म-सुखी हो जब मनुज, सभी दुःख हो नष्ट।
कर्म योग से ईश में, रखता बुद्धि तटस्थ।।

66.

अविजित मन इंद्रिय रहे, बुद्धि अनिश्चय मान।
भावशून्य होता मनुज, रहित शांति सुख जान।।

67.

जैसे जल की नाव को, वायु करे हैं लुप्त।
वैसै ही मन वश करें, बुद्धि इंद्रियाँ सुप्त।।

68.

इंद्रिय निग्रह जो करे, जान उसे हे पार्थ।
बुद्धि रहे वह थिर सदा, होता वही कृतार्थ।।

69.

परम ज्ञान की प्राप्ति को, जागे योगी प्रज्ञ।
नाशवान सुख को जगे, निशी कहें मुनि विज्ञ।।

70.

करे समाहित सिंधु जल, अविचल सरित हजार।
भिन्न भोग से हो परे, है स्थित-प्रज्ञ विकार।।

71.

अहंकार ममता परे, मनुज कामना त्याग।
स्पृहारहित विचरण करे, शांति मिले तब भाग।।

72.

ब्रह्म प्राप्त जो हैं पुरुष, हे अर्जुन यह रूप।
अंत काल भी प्राप्ति कर, ब्रह्मा नंद अनूप।।

❖

अध्याय 3

कर्म योग

श्रीमद्भगवद्गीता के तृतीय अध्याय में योगेश्वर भगवान श्री कृष्ण अर्जुन को कर्म न करने की अपेक्षा कर्म करने का संदेश दिए हैं।

श्री कृष्ण कहते हैं कि हर व्यक्ति प्रकृति से बंधा हुआ है, इसीलिए स्वधर्म का पालन करना उत्तम है। मनुष्य को सभी कर्म कों यज्ञ भाव से ईश्वर को समर्पित करते हुए करना चाहिए। श्री कृष्ण कर्म को फलेच्छा के बिना करने का संदेश दिए हैं।

श्री कृष्ण ज्ञान योग और कर्म योग के अनुसार कर्म करने की श्रेष्ठता का वर्णन करते हैं तथा कर्म की अनिवार्यता को जान, स्वधर्म को पहचान, कर्म फल पर अनासक्त होकर, मोक्ष मार्ग में प्रशस्त होने की सीख देते हैं।

1. अर्जुन उवाच

हे केशव यदि आपको, श्रेष्ठ लगे है ज्ञान।
कहो जनार्दन खींचते, विकट कर्म क्यों ध्यान।।

2.

मिश्रित वचनों से मुझे, मोहित करते आप।
निश्चित कहिए बात ये, बुद्धि सकूँ मैं माप।।

3. कृष्ण उवाच

निष्ठा होती दो तरह, हे अर्जुन निष्पाप।
सांख्य योग संन्यास की, योगी कर्मों जाप।।

4.

कर्म योग के ही बिना, निष्ठा योग न प्राप्त।
त्याग कर्म से भी महज, सांख्य योग अप्राप्त।।

5.

मानव परवश है सदा, करने को निज कर्म।
बिना कर्म रहता नहीं, प्रकृति जनित गुण धर्म।।

6.

विषयों का चिंतन करे, रखता इंद्रिय बाँध।
मूढ़ बुद्धि दंभी बने, रहता मिथ्या छाँद।।

7.

अनासक्त हो आचरण, करता इंद्रिय कर्म।
श्रेष्ठ मनुज है पार्थ वह, जाने योगी धर्म।।

8.

कर्महीन से है भला, शास्त्रविहित हो कर्म।
बिना कर्म तन सिद्धि कब, अर्जुन समझो मर्म।।

9. (यज्ञादि कर्मों की आवश्यकता का निरूपण)

कर्म बंध आसक्त सब, करें कर्म अन्यान्य।
अनासक्त हो पार्थ तू, यज्ञ कर्म कर मान्य।।

10.

आदि कल्प में यज्ञ रच, कही ब्रह्म ने बात।
वृद्धि रहे इस यज्ञ से, भोग सभी हो प्राप्त।।

11.

होते मख से सुर मुदित, करें मनुज संपुष्ट।
रहे परस्पर हित सदा, रहते दोनों तुष्ट।।

12.

यज्ञ मुग्ध हो देवता, देते सभी अभीष्ट।
देव बिना अर्पित करे, भोगी पुरुष निकृष्ट।।

13.

यज्ञ शेष हो अन्न खा, पुरुष पाप हो मुक्त।
तन पोषण ही लक्ष्य हो, होते पापी भुक्त।।

14.

अन्नजनित प्राणी सभी, वृष्टि अन्न उत्पाद।
यज्ञ करे हैं वृष्टि नित, कर्म रहे बस याद।।

15.

कर्म उद्भवित वेद से, वेद जनक परमात्म।
सिद्ध यही है पार्थ सुन, यज्ञ निहित सर्वात्म।।

16.

सृष्टि-चक्र का मानता, नहीं पार्थ जो रीत।
भोग रमण में जिंदगी, पापी करे व्यतीत।।

17.

आत्मरमण कर तृप्ति जो, रहे आत्म संपुष्ट।
रहता इंद्रिय से परे, नित्य कर्म से तुष्ट।।

18.

वही पुरुष है विश्व में, अर्जुन सदा महान।
कर्म करे या हो परे, स्वार्थरहित जो जान।।

19.

इसीलिए अर्जुन रहो, अनासक्त कर कर्म।
परमात्मा को प्राप्त हो, जानों यथेष्ट मर्म।।

20.

जनक बिना आसक्ति के, पाए ज्ञानी सिद्धि।
कर्म योग्य हो पार्थ तुम, करो लोक में वृद्धि।।

21.

सुन अर्जुन जो आचरण, करें पुरुष सब श्रेष्ठ।
करे अनुसरण हैं यहाँ, मानव सभी यथेष्ट।।

22.

तीन लोक उपलब्ध जो, सभी वस्तु है हाथ।
अर्जुन फिर भी कर्म को, नित्य करूँ मैं साथ।।

23.

कर्मविमुख होऊँ अगर, होगा अति नुकसान।
मनुज चले अनुरूप ही, करके मेरा ध्यान।।

24. (अज्ञानी-ज्ञानी के लक्षण तथा राग-द्वेषरहित कर्म करने की प्रेरणा)
कर्म करूँ मत पार्थ सुन, मानव सब हो भ्रष्ट।
संकरता कारण बनूँ, और प्रजा को नष्ट।।

25.

अज्ञानी आसक्ति में, करते जैसा कर्म।
व्यय लोक संग्रह करे, विज्ञ विरत निज धर्म।।

26.

ज्ञानी जन को चाहिए, करें भ्रमित मत बुद्धि।
शास्त्र विहित कर कर्म को, करें मूढ़ हिय शुद्धि।।

27.

प्रकृति दत्त सब कर्म है, अर्जुन वास्तव जान।
अज्ञानी जन ही स्वयं, लेते कर्ता मान।।

28.

त्रिगुण रूप माया रहे, नित्य कर्म गुण सत्व।
आत्म सदा निर्लेप है, योगी जाने तत्व।।

29.

प्रकृतिजन्य गुण कर्म में, मंदबुद्धि आसक्ति।
तत्व ज्ञान जो जानते, विचलित करे न व्यक्ति।।

30.

चित्त लगा मुझमें सदा, कर अर्पण सब काज।
ममता आशा से रहित, पार्थ युद्ध कर आज।।

31. (कर्म योग)

दृष्टि दोष से हो रहित, मनुज करे सब कर्म।
कर्म बंध से छूटता, समझे जो मुझ मर्म।।

32.

दोषारोपण जो करे, रहे न मत को मान।
मूर्ख सदा ही वह रहे, घिरा नष्ट हो ज्ञान।।

33.

प्रकृति सुलभ हैं कर्म सब, परवश हुआ स्वभाव।
ज्ञानवान भी नित करें, व्यर्थ हठी बर्ताव।।

34.

छुपा हुआ इंद्रिय रहे, राग-द्वेष अज्ञान।
वशीभूत होना नहीं, मनुज शत्रु निज मान।।

35.

धर्म पराया श्रेष्ठ भी, हेतु बने भय जान।
रहे कमी निज धर्म पर, मरना उत्तम मान।

36. अर्जुन उवाच (काम के निरोध का विषय)
अर्जुन बोले माधवा, मनुज न चाहे आप।
मिलती कैसे प्रेरणा, करता फिर वह पाप।।

37. कृष्ण उवाच
सुन अर्जुन बस काम ही, पापी अतृप्ति मान।
यही क्रोध कारण बनें, जनित रजोगुण जान।।

38.
अग्नि धूम ज्यों आवरित, मुकुर छुपा हो म्लान।
गर्भ ढँका है जेर सम, कामावृत सब ज्ञान।।

39.
विकट ज्वाल है वासना, रहती सदा अतृप्त।
अर्जुन रिपु यह ज्ञान का, करता मन विक्षिप्त।।

40.
नित्य बुद्धि मन इंद्रियाँ, होते इसके वास।
सेतु बनें सब मोह का, करे ज्ञान का ह्रास।।

41. (सगुण भगवान का प्रभाव और कर्मयोग का विषय)
इसीलिए अर्जुन सुनो, इंद्रिय कर लो पाश।
मारो पापी काम को, ज्ञान करे यह नाश।।

42.
सूक्ष्म बली तन श्रेष्ठ ये, मन ऊपर है जान।
बुद्धि परे मन से सदा, आत्मबली पहचान।।

43.

श्रेष्ठ आत्म कौंतेय सुन, खोल बुद्धि का द्वार।
मन को वश में कर सखे, काम रूप अरि मार।।

❖

अध्याय 4

ज्ञान कर्म संन्यास योग

श्रीमद्भगवद्गीता के चतुर्थ अध्याय में योगेश्वर भगवान श्री कृष्ण अर्जुन को दिव्य ज्ञान और कर्म योग का महत्व बताते हुए स्वयं को अजन्मा और अविनाशी बताते हैं। वे कहते हैं, जब-जब धर्म की हानि होती है और भू पर अत्याचार बढ़ता है तब-तब मैं अवतार लेता हूँ।

श्री कृष्ण ज्ञान के प्रकाश द्वारा कर्म बंधन से मुक्ति का संदेश देते हैं। उन्होंने सर्वप्रथम यह ज्ञान सूर्य को दिया, जो परंपरागत चला आ रहा है। वे कहते हैं, जो मेरे जन्म के रहस्य को समझ लेता है, वह भव बंधन में नहीं पड़ता। जो ज्ञानी व्यक्ति कर्ता भाव से मुक्त हो इंद्रिय विग्रह करता है, वह मन के विकारों से दूर होकर मुक्त होता है। वे कहते हैं, आत्मा कर्म का मूल प्रेरक है, परंतु कर्म के गुण स्वरूप से कोई संबंध नहीं है। वे अर्जुन को लक्ष्य प्राप्ति का मूल मंत्र बताते हैं कि हर इंसान त्रिगुणमयी विचारों से भरा होता है। उसी अनुपात के अनुसार व्यक्तित्व परिभाषित होता है।

इसके साथ ही, श्री कृष्ण ने योगी महात्मा के आचरण फल, पृथक-पृथक यज्ञों का कथन, सगुण भगवान का प्रभाव आदि का भी वर्णन किए हैं।

1. कृष्ण उवाच

प्रथम कहा था सूर्य से, सूर्य कहे निज पुत्र।
सूर्य पूत मनु ने दिया, नृप इक्ष्वाकु सूत्र।।

2.

पांडु तनय अर्जुन यही, परंपरा गत प्राप्त।
मानें राजा योग सब, भू पर हुआ समाप्त।।

3.

भक्त सखा तुम प्रिय अतः, कहा पुरातन राज।
गूढ़ श्रेष्ठ है यह सदा, गुप्त विषय ये काज।।

4. अर्जुन उवाच

केशव संभव है कहाँ, ऐसा ये संजोग।
आदि कल्प दिनकर हुए, कहते कैसे योग।।

5. कृष्ण उवाच

सुनों परंतप पार्थ हम, जन्म लिए हर बार।
भूल गया है तू सभी, ध्यान मुझे विस्तार।।

6.

नित्य अजन्मा ईश मैं, अविनाशी भव भूप।
प्रकट योग माया रहूँ, प्रकृति करूँ अनुरूप।।

7.

जब-जब होता धर्म क्षय, बढ़ता अत्याचार।
तब-तब जन हित के लिए, धरूँ रूप साकार।।

8.

युग-युग में अवतीर्ण हो, करूँ पाप का नाश।
धर्म स्थापना मैं करूँ, ऋषि जन पुण्य प्रकाश।।

9.

जन्म-कर्म मम दिव्य हैं, निर्मल पावन तत्व।
पार्थ मुझे चिंतन करें, मिले मोक्ष का सत्व।।

10.

क्रोध राग भय मुक्त जो, पूर्व रहे हैं आप्त।
ज्ञान रूप तप से हुए, मुझ स्वरूप को प्राप्त।।

11.

जो जैसा भजता मुझे, भजता मैं भी पार्थ।
करे अनुसरण मार्ग सब, मैं ही सबका सार्थ।।

12.

मृत्यु लोक में सब करे, कर्म फल की आस।
पूजन अर्चन देव कर, पाते सिद्धि उजास।।

13.

विप्र शूद्र क्षत्रिय सभी, वर्ण वैश्य ये चार।
सृष्टि सृजन ये मैं करूँ, रहूँ अकर्ता सार।।

14.

नहीं कर्म फल लालसा, रहता मैं निर्लिप्त।
ब्रह्म तत्व जो जान ले, अंतर मन हो तृप्त।।

15.

पूर्व काल में जानते, सारे पूर्वज कर्म।
अतः पार्थ तू कर वही, मोक्ष कामना मर्म।

16.

कर्म अकर्मों गूढ़ को, भ्रमित हुए विद जान।
कर्म तत्व जो मैं कहूँ, मुक्त बंध हो मान।।

17.

हे अर्जुन ये जान ले, गति है कर्म महान।
तीन रूप है कर्म का, रखो सदा संज्ञान।।

18.

बुद्धि मान है वह मनुज, करता कर्म समीष्ट।
फेरे कर्म अकर्म से, रहता दूर अभीष्ट।।

19.

कर्म बिना सब कामना, करें संकल्प जान।
ज्ञानी जन पंडित कहें, भस्म कर्म कर ज्ञान।।

20.

करे त्याग आसक्ति जो, परमात्मा में तृप्त।
भलीभाँति हो कर्मरत, फिर भी है निर्लिप्त।।

21.

इंद्रिय निग्रह जो करे, भोगों का कर त्याग।
नहीं पाप को प्राप्त हो, मनुज रहे अपवाद।।

22.

मनुज रहे संतुष्ट जो, हर्ष-शोक से दूर।
राग द्वेष ईर्ष्या रहित, कर्म योग वह पूर।।

23.

दूर रहे आसक्ति से, नष्ट देह अभिमान।
यज्ञ कर्म में लीन हो, परमात्मा का ध्यान।।

24.

यज्ञ कर्म हो द्रव्य सब, कर्ता ब्रह्म स्वरूप।
बनते समिधा ब्रह्म ही, मिले ब्रह्म फल रूप।।

25.

करते हैं कुछ जन यहाँ, देवों यज्ञ विधान।
परम ब्रह्म परमात्मना, तत्व आत्म कर ज्ञान।।

26.

संयम पावक रूप में, करते इंद्रिय होम।
योगी जन शब्दादि को, इंद्रिय करे विलोम।।

27.

इंद्रिय प्राणों की क्रिया, करते ज्ञान प्रकाश।
योगी संयम आत्म से, योग अग्नि में नाश।।

28.

द्रव्य यज्ञ करते पुरुष, कई योग तप यज्ञ।
तीक्ष्ण अहिंसा बन व्रती, ज्ञान यज्ञ कर प्रज्ञ।।

29.

योगी वायु अपान में, प्राणवायु कर होम।
रहते हैं कुछ लोग भी, हवि कर वायु विलोम।।

30.

गति अपान या प्राण को, रोक करे हवि प्राण।
यज्ञ विज्ञ साधक सभी, करते पापों त्राण।।

31. हे अर्जुन, कुरुश्रेष्ठ सुन
यज्ञ न करते जो पुरुष, करे कष्ट का भोग।
यज्ञामृत जो प्राप्त हो, परमात्मा संयोग।।

32.

पृथक-पृथक है यज्ञ भी, वेद कहे विस्तार।
तन-मन इंद्रिय कर्म से, रहे मुक्त संसार।।

33. (ज्ञान की महिमा)
द्रव्य यज्ञ के सामने, ज्ञान यज्ञ उत्कृष्ट।
ज्ञान यज्ञ में पार्थ सुन, सारे कर्म विनिष्ट।।

34.

विनत सरल हो प्रश्न कर, शरणागत हो आन।
तत्व ज्ञान ज्ञानी कहें, कर उनका सम्मान।।

35.

पाए जो यह ज्ञान तू, मोह न होगा व्याप्त।
अनासक्त हो फिर रहे, परमात्मा को प्राप्त।।

36.

डूबा होगा भी अगर, गहन उदधि हो पाप।
नाव ज्ञान की यदि मिले, तर जाएगा आप।।

37.

अग्नि जलाती काठ ज्यों, पल में करती राख।
ज्ञान ज्वाल त्यों कर्म को, हरती सम्यक शाख।।

38.

पावनकर्ता है नहीं, जग में ज्ञान समान।
कर्म-योग से शुद्ध हों, मिले आत्म तब ज्ञान।।

39.

इंद्रिय विजयी ज्ञान जब, पाते श्रद्धा वान।
परम शांति के रूप में, प्राप्त करे भगवान।।

40.

मानव श्रद्धा मुक्त हो, होता हीन विवेक।
दूर लोक परमार्थ से, पाता कष्ट अनेक।।

41.

कर्म योग से ईश को, अर्पण करते कर्म।
रहे मुक्त बंधन सभी, अर्जुन समझो मर्म।।

42.

संशय मन का काट अब, असि विवेक ले ज्ञान।
हो तत्पर अब युद्ध को, पांडु पुत्र बलवान।।

❖

अध्याय 5

कर्म संन्यास योग

श्रीमद्भगवद्गीता के पंचम अध्याय में योगेश्वर भगवान श्री कृष्ण कर्म और संन्यास दोनों को ही मुक्ति का आधार बताते हैं, किंतु ध्यान योग से कर्म योग की उच्चता पर बल देते हैं।

गुरु से ज्ञान क्यों और कैसे लिया जाता है। भक्ति के साथ ही मन की शुद्धि की भी प्राप्ति होती है। इन तत्व गुणों को समझकर जो मनुष्य आचरण करता है, वह अवश्य मोक्ष को प्राप्त होता है।

संन्यास और कर्म में में श्रेष्ठता के विषय में अर्जुन के उलझन भरे प्रश्नों के उत्तर देते हुए भगवान श्री कृष्ण अर्जुन की जिज्ञासा को शांत करते हैं। वे अर्जुन को कर्म योग की श्रेष्ठता, आसक्ति रहित कर्म, प्रत्येक प्राणी के लिए हृदय में समान भाव और इंद्रिय निग्रह की प्रेरणा देते हुए कहते हैं कि सारे कर्म को ईश्वर को अर्पित कर फलासक्ति की इच्छा न रखने वाला मनुज मोक्ष की प्राप्ति करता है।

1.

कर्म योग भी माधवा, अरु कहते संन्यास।
कहो एक जो हो शुभद, करूँ आत्म अभ्यास।।

2. कृष्ण उवाच

अर्जुन दोनों श्रेष्ठ हैं, रहे योग संन्यास।
योग सुगम साधन रहे, अतः परम विन्यास।।

3.

राग-द्वेष से हो परे, कर्म योग से युक्त।
संन्यासी सम पार्थ वे, भव बंधन हो मुक्त।।

4.

कर्म योग संन्यास फल, पृथक-पृथक ले मान।
अज्ञानी की सोच ये, परम प्राप्त विद्वान।।

5.

ज्ञान योग से जो मिले, कर्म योग भी पार्थ।
सम्यक रखते दृष्टि जो, देखे वही यथार्थ।।

6.

कर्म योग बिन पार्थ सुन, कठिन बहुत संन्यास।
ध्यान ईश का जो करे, मिले ब्रह्म है पास।।

7.

आत्म शुद्ध मन वश करे, परमात्मा ही सार।
रहे कर्म योगी सदा, कर्म-बंध से पार।।

8.

मानें योगी इंद्रियाँ, करे भिन्न हैं कर्म।
भाव नहीं कर्ता रखें, तत्व जान निज धर्म।।

9.

काया के है कर्म जो, करे भिन्न आयाम।
सांख्य योग में जानते, योगी हो निष्काम।।

10.

सभी कर्म को साधते, ईश चरण कर आप।
कमलपात सम हो पुरुष, रहें नित्य निष्पाप।।

11. (ज्ञान योग)
तन मन इंद्रिय बुद्धि से, दूर करें आसक्ति।
अंतर्मन की शुद्धि को, कर्म रहे अनुरक्ति।।

12.

कर्म फलों को त्याग कर, ईश कृपा हो प्राप्त।
लिप्सा फल आसक्ति जो, रहता है वह आप्त।।

13.

सांख्य योग व्यवहृत पुरुष, कर्तापन से दूर।
रमें द्वार नौ गात हो, परमात्मा में चूर।।

14.

परमेश्वर करते नहीं, मनुज कर्म की सृष्टि।
परिणत होता है सदा, मूल वृत्ति की दृष्टि।।

15.

ईश ग्राह्य करते नहीं, कर्म पुण्य या पाप।
मनुज ज्ञान है आवरित, मोहित मय वह आप।।

16.

तत्व ज्ञान से नष्ट हो, हृदय भरा अज्ञान।
सूर्य सदृश उस ज्ञान से, ईश प्रकाशित जान।।

17.

रहे बुद्धि तद्रूप मन, परमात्मा में व्याप्त।
पापरहित ज्ञानी पुरुष, हुए परम गति प्राप्त।।

18.

होते समदर्शी वही, ज्ञानी विद्यावान।
गौ ब्राह्मण चांडाल गज, सम देखे भी श्वान।।

19.

रहे हृदय सम भाव जो, लेता है जग जीत।
निष्कलंक हो थिर सदा, परमात्मा में मीत।।

20.

प्रिय या अप्रिय प्राप्ति से, हर्ष रहे न विषाद।
बुद्धि ब्रह्म में थिर सदा, एकनिष्ठ हो नाद।।

21.

विषय भोग से दूर हो, साधक आत्मानंद।
ध्यान योग प्रभु रूप से, मिले सच्चिदानंद।।

22.

विषयी जन हैं भोगते, इंद्रिय सुख संसार।
आदि-अंत दुख ये समझ, बुद्धिमान हो पार।।

23.

काम-क्रोध के वेग को, सह लेता जो आप।
पार्थ ! पुरुष योगी वही, सुखी परे संताप।।

24.

आत्मरमण ज्ञानी करे, एक भाव में लिप्त।
शांत ब्रह्म को प्राप्त हो, सांख्य योग निर्लिप्त।।

25.

पाप नष्ट संशय हरे, मनुज आत्म हो ज्ञान।
परहित जीता मन रहे, लीन ब्रह्म हो जान।।

26.

मन को जीता नित्य जो, काम-क्रोध कर चूर्ण।
ज्ञानी पुरुषों के लिए, परमात्मा परिपूर्ण।।

27.

बाह्य विषय को त्यागकर, भौंह मध्य हो दृष्टि।
प्राणवायु सम नासिका, अरु अपान की सृष्टि।।

28.

इंद्रियनिग्रह जो किया, मोक्ष परायण युक्त।
मुनि भय इच्छा क्रोध से, होता हरदम मुक्त।।

29.

सम्यक तप अरु यज्ञ का, भोक्ता जानें भक्त।
मान लोक का देवता, हुए शांति अनुरक्त।।

❖

अध्याय 6

आत्मसंयम योग

श्रीमद्भगवद्गीता के षष्ठम अध्याय में योगेश्वर भगवान श्री कृष्ण कहते हैं कि ध्यान और आत्मसंयम के द्वारा ही मनुष्य अपने मन को नियंत्रित कर सकता है, जिससे वह परमात्मा की प्राप्ति कर सकता है। जिस प्रकार वायु रहित स्थान पर दीपक स्थिर जलता है, वैसे ही संतुलित आहार-विहार, निद्रा अभ्यास और वैराग्य को संतुलित कर स्थिर मन से परमात्मा का ध्यान करना चाहिए।

श्री कृष्ण कहते हैं कि प्रशिक्षित मन ही हमारा मित्र है। सिर्फ कठोर तप से ही ईश्वर को प्राप्त नहीं किया जा सकता है। मन को अभ्यास और विरक्ति से ही नियंत्रित किया जा सकता है। तभी व्यक्ति और आत्मा का उत्थान होता है। जो व्यक्ति भगवत् प्राप्ति का प्रयास करता है, उसे भगवान पूर्व जन्मों के संचित कर्मानुसार फल देते हैं। इसी के अनुसार व्यक्ति का बार-बार जन्म होता है।

योगी जन कर्म-कांड और जप-तप करते हैं। मनुष्य को चाहिए कि वह सर्वदा अनासक्त भाव से कर्म करे। अनासक्त भाव से कर्म करने वाला मनुष्य ही योगी कहलाता है।

1. कृष्ण उवाच

त्याग कर्म पावक नहीं, होता योगी पार्थ।
करे कर्म फल त्याग वह, संन्यासी निस्वार्थ।।

2.

हे अर्जुन तू जान ले, यही योग संन्यास।
इंद्रिय निग्रह के बिना, संभव नहीं प्रयास।।

3.

वशीभूत मन लालसा, हेतु कर्म हैं योग।
योग प्राप्ति कर साधना, मिटती लिप्सा भोग।।

4.

इच्छाओं का त्याग कर, लोभ रहित फल कर्म।
लिप्त रहे जो कार्य में, समझो योगी धर्म।।

5.

शत्रु-मित्र मन ही सदा, जीवात्मा का द्वंद्व।
कर्म मनुज ऐसा करे, कटे जगत का फंद।।

6.

मन को करता जो वशी, होता प्रांजल मित्र।
मन बंधन में जो बँधा, माया अरि बन चित्र।।

7.

जिसके वश में मन हुआ, सुख-दुख रहे समान।
पूर्ण रूप हो प्राप्त वह, परमात्मा का ध्यान।।

8.

अस्थिर चित्त न हो कभी, मिले परम का ज्ञान।
परमात्मा को प्राप्य जो, पाथर स्वर्ण समान।।

9.

बना हितैषी वह मनुज, समदर्शी रख भाव।
शत्रु-मित्र मध्यस्थता, सम्यक करे सुभाव।।

10.

कभी लोभ करता नहीं, करे अहर्निश ध्यान।
माया जग निर्बंध हो, योगी उसको मान।।

11.

शुद्ध भूमि हो शुचि मयी, रहे वास एकांत।
मृगछाला समतल बिछा, करें चित्त निज शांत।।

12.

बैठ लगा मन योग में, आत्म शुद्धि कर ध्यान।
इंद्रिय निज वश में रखें, योग सिद्धि तब जान।।

13.

काया ग्रीवा शीश को, रखिए अचल समान।
अग्र भाग हो नासिका, दृष्टि अहर्निश जान।।

14.

विषय मुक्त निर्भय मनुज, ब्रह्मचर्य कर जान।
निरत सदा चिंतन रहे, लक्ष्य मुझे ही मान।।

15.

यों नित कर अभ्यास हिय, रख परमात्मा रूप।
परमधाम को प्राप्त हो, मिटे सकल भव कूप।।

16.

हे अर्जुन सुन योग में, रहे तुलित आहार।
नींद रहे या जागरण, सम्यक हो आचार।।

17.

नियमित जीवन हो रहे, खान-पान आराम।
योग युक्त पाए मनुज, सकल कष्ट विश्राम।।

18.

योगनिष्ठ अभ्यास से, मनुज परम हो युक्त।
रहे योग थिर पूर्णता, इच्छाओं से मुक्त।।

19.

ज्यों दीपक थिर लौ जले, जहाँ परे हो वात।
त्यों योगी हो संयमित, ईश मगन दिन रात।।

20.

हो तटस्थ मन द्वंद्व से, समाधिस्थ हो योग।
परम प्राप्त दर्शन करे, आत्म तुष्ट कर भोग।।

21.

प्राप्य शुद्ध हो चेतना, परम योग्य आनंद।
गात परे हों सुख सभी, योगी परमानंद।।

22.

प्राप्त परम आनंद को, रखे न दूजी चाह।
सदा विपद में थिर मनुज, सुखमय रहे अथाह।।

23.

पार्थ मनुज को चाहिए, करे योग अभ्यास।
कर्म योग में लीन हो, सदा परे भव त्रास।।

24.

सांसारिक सुख त्याग कर, करता ईश विचार।
इंद्रियनिग्रह है करे, मनुज नित्य आचार।।

25.

मन आत्मा में थिर करे, शनैः शनैः अभ्यास।
नित्य ईश चिंतन करे, भरकर उर विश्वास।।

26.

मनुज धर्म ये हो सदा, करे नित्य यह काम।
मन चंचल है बावरा, उस पर रखे लगाम।।

27.

परमात्मा के ध्यान में, रहे भाव थिर युक्त।
हो प्रशांत सब कामना, मुदित पाप से मुक्त।।

28.

मनुज योग अभ्यास से, होता पाप विमुक्त।
दिव्य प्रेम हो ब्रह्म से, परम मोद हो भुक्त।।

29.

दृष्टि सदा सम्यक रखे, आत्मा एक विचार।
रहे मनुज योगस्थ जो, प्राणी परम निहार।।

30.

देखें प्राणी में मुझे, मुझमें सब संसार।
रहूँ कभी न अदृश्य मैं, लोकित आत्मा सार।।

31.

सभी जीव दृष्टव्य कर, योगी मुझको मान।
भक्ति-भाव रत वह रहे, मुझमें ही स्थित जान।।

32.

हे अर्जुन सम देखता, प्राणी में निज रूप।
परम पूर्ण योगी वही, सुख-दुख सम्यक भूप।

33. अर्जुन उवाच (योग द्वारा मन का निग्रह)

हे मधुसूदन योग विधि, वर्णित भाव समत्व।
मन होता है थिर नहीं, चपल वृत्ति है तत्व।।

34.

विकट हठी बलवान है, मथता भाव विधर्म।
बाँधे मुठ्ठी वात ज्यों, है केशव यह कर्म।।

35. कृष्ण उवाच

चंचल मन को बाँधना, अर्जुन दुष्कर आज।
सतत लगन वैराग्य से, होता संभव काज।।

36.

जिसका मन वश में नहीं, मिलता परम न योग।
साध लिया जिसने इसे, सहज मिले संजोग।।

37. अर्जुन उवाच (योग भ्रष्ट हुए मनुष्य की गति)
योगी विचलित साधना, मय श्रद्धा-विश्वास।
परम सिद्धि मिलती नहीं, कहो कृष्ण गति आस।।

38.

भोग-योग से हो परे, ग्रसित मोह-संताप।
छिन्न-भिन्न क्या सम जलद, रहे नष्ट वह आप।।

39.

हे केशव सुन प्रार्थना, हुआ मति-भ्रम पूर।
मात्र आप ही कर सकें, संशय मन का दूर।।

40. कृष्ण उवाच
पृथा पुत्र सुन मित्र ये, करे नियत जो कर्म।
जन्मों तक न विनाश हो, परम धर्म का मर्म।।

41.

योग भ्रष्ट हो जो पुरुष, मिले स्वर्ग संयोग।
मनुज जन्म फिर वह धरे, करे चाह उपभोग।।

42.

लोक मिले उत्तम नहीं, रहे श्रेष्ठ परिवार।
बुद्धि प्रवर गृह धारते, दुर्लभ जो संसार।।

43.

पुनर्जन्म जो प्राप्त हो, रहे पूर्व संस्कार।
करे मनुज वह यत्न फिर, प्राप्त सिद्धि आचार।।

44.

पूर्व जन्म प्रारब्ध से, बने ईश अनुरक्त।
शास्त्र नियम सब लाँघकर, रहे योग आसक्त।।

45.

जन्म-जन्म अभ्यास से, पाप कर्म हो शुद्ध।
श्रेष्ठ सिद्धि को प्राप्त तब, परम जन्म गति-बुद्ध।।

46.

तपसी ज्ञानी से सदा, योगी होते श्रेष्ठ।
अर्जुन तुम योगी बनो, रखना ध्येय परमेष्ठ।।

47.

श्रद्धामय जो पूर्ण हो, करे मुझे अनुराग।
उसे परम योगी कहूँ, होता श्रेष्ठ सुभाग।।

❖

अध्याय 7

ज्ञान-विज्ञान योग

श्रीमद्भगवद्गीता के सप्तम अध्याय में योगेश्वर भगवान श्री कृष्ण परा-अपरा शक्ति और अपने वास्तविक स्वरूप का वर्णन करते हुए कहते हैं कि वे ही स्रष्टा हैं, जो धागे में मोती के समान सारी सृष्टि के आदि-अंत को पिरोए हैं।

इस अध्याय में श्री कृष्ण ने माया के बंधन से दूर भगवान के शरण में आने वाले चार प्रकार के भक्त आर्त, जिज्ञासु, अर्थाथी और ज्ञानी का वर्णन किए हैं। ज्ञानी भक्त उन्हें अति प्रिय हैं। वे कहते हैं, ज्ञान का सैद्धांतिक अर्थ है, जबकि विज्ञान में भगवान का प्रत्यक्ष अनुभव होता है। अन्यान्य देवों को पूजकर अल्प ज्ञानी अन्य देवों की शरण में जाते हैं, लेकिन श्री कृष्ण को पूजने वाले परम धाम को प्राप्त करते हैं।

भक्त और भगवान के संबंधों को आत्मा-परमात्मा के मिलन के समान बताते हुए श्री कृष्ण ने कहा है कि भ्रम, इच्छा, राग-द्वेष की भावना से उठकर मनुष्य को उस सत्य को पहचानना चाहिए, जो सबके भीतर विराजमान है।

इस अध्याय में भगवान श्री कृष्ण माया से मुक्त होकर ज्ञान-विज्ञान के माध्यम से निस्वार्थ भाव से ईश्वर में विलीन होने का संदेश देते हैं तथा सृष्टि के संचालन के विषय में बताते हुए भगवान के द्विव्य रहस्यों को उजागर करते हैं।

1. कृष्ण उवाच

पृथा पुत्र अब सुन उसे, सके मुझे तू जान।
भाव परे अन्यान्य हो, रहे शरण में ध्यान।।

2.

परम ज्ञान अनुभव कहूँ, जिसको ले तू मान।
नहीं शेष फिर हो जगत, पार्थ यही सद्ज्ञान।।

3.

प्राप्ति सिद्धि कर लालसा, रहे सहस्त्रों एक।
तत्व रूप हो विज्ञ जो, रहता योगी नेक।।

4.

पावक जल क्षिति नभ पवन, अहंकार मन बुद्धि।
आठ भेद अपरा प्रकृति, जड़ स्वरूप भ्रम सिद्धि।।

5.

महाबाहु अर्जुन सुनो, माया के अतिरिक्त।
परा रूप को जान लो, दिव्य चेतना सिक्त।।

6.

जड़-चेतन सब रूप में, सृष्टि मूल आधार।
अर्जुन तू ये जान ले, करूँ सृजन-संहार।।

7.

ज्यों मनका है गूँथता, संबल बनता सूत।
सकल विश्व गुंफित रहे, मुझसे ही संभूत।।

8.

नीर स्वाद मैं ही रहूँ, रवि-शशि पुंज प्रकाश।
वेद मंत्र ओंकार बन, पौरुष ध्वनि-आकाश।।

9.

पावन परिमल भूमि में, रहूँ अग्नि बन ताप।
तपसी का मैं तप बनूँ, प्राण वायु जग आप।।

10.

अजर-अमर रहता सदा, बीज अनादि अनंत।
बुद्धि मनीषी हूँ सभी, तेज प्रवरता संत।।

11.

भरत श्रेष्ठ अर्जुन सुनो, विषय शक्ति इंसान।
भोग परे मैं ही सदा, तत्व सभी हूँ जान।।

12.

त्रिगुणमयी जो भाव सब, उद्भित मेरे कंध।
पाशित मैं होता नहीं, होते मुझसे बंध।।

13. (भक्त और अभक्त का निरूपण)
मोहित रज सत तम रहे, प्रकृति जीव आधार।
मैं अविनाशी हूँ परम, जाने कब संसार।।

14.

माया अपरा शक्ति है, रहे न पारावार।
शरणागत हो जो मुझे, हो जाता वह पार।।

15.

रहे अधर्मी दुष्ट जो, मेरा करे न ध्यान।
माया मन में जागती, हरे बुद्धि सब ज्ञान।।

16.

करते उत्तम कर्म जो, होते अर्जुन चार।
उत्सुक अर्थाथी दुखी, ज्ञानी करे विचार।।

17.

सर्वश्रेष्ठ ज्ञानी वही, प्रेम भक्ति मम युक्त।
रहे परस्पर प्रिय सदा, भाव अन्य हो मुक्त।।

18.

महा हृदय सब भक्त पर, ज्ञानी भक्त अनूप।
लक्ष्य मुझे ही जानता, मद्भूत उत्तम रूप।।

19.

पुनः पुनः ले जन्म है, ज्ञानी दुर्लभ खास।
मुझे सभी में देखता, चरण-शरण हो पास।।

20.

जग लिप्सा से नष्ट सब, मनुज परे हो ज्ञान।
पूर्व जन्म संस्कार से, अन्य देव कर ध्यान।।

21.

भक्त जिसे भी पूजते, श्रद्धामय आराध्य।
करूँ उसी पर ध्यान मैं, रूप भावना साध्य।।

22.

श्रद्धामय होकर पुरुष, देव पूजते खास।
करता विधिवत् पूर्ण मैं, सभी भक्त की आस।।

23.

अल्पबुद्धि का सुख क्षणिक, होता फिर से अंत।
देवलोक करते गमन, मिले मुझे भव संत।।

24.

बुद्धिहीन समझे नहीं, श्रेष्ठ अनश्वर रूप।
जन्म-मरण से हूँ परे, अंतरंग संभूत।।

25.

योग शक्ति माया करे, मुझे आवरित नित्य।
बुद्धि भ्रमित मानव नहीं, पाए समझ सुकृत्य।।

26.

हर युग का ज्ञाता रहूँ, जन्म-मृत्यु है ज्ञान।
पार्थ भिज्ञ हूँ मैं सदा, जीव रहे अनजान।।

27.

भरत वंश के श्रेष्ठ सुन, राग-द्वेष संसार।।
मोह जनित प्राणी सभी, गहे अज्ञता धार।।

28.

पुण्य कर्म जो हैं करे, पूर्ण नष्ट हो पाप।
मोह-राग से दूर हो, द्वंद्व मुक्त संताप।।

29.

भजता मुझको जो मनुज, भक्ति भाव हो युक्त।
परम ब्रह्म को जानता, जरा-मृत्यु हो मुक्त॥

30.

भूत दैव अधियज्ञ का, स्वामी मुझको मान।
रहे लीन मुझमें सदा, मृत्यु समय ले जान॥

❖

अध्याय 8

अक्षर ब्रह्म योग

श्रीमद्भगवद्गीता के अष्टम अध्याय में योगेश्वर भगवान श्री कृष्ण जीवन-मृत्यु और आत्मा के विषय में बताते हैं। मृत्यु के बाद आत्मा कहाँ जाती है। भगवान का स्मरण कब और क्यों आवश्यक है। इस प्रकार अर्जुन के जिज्ञासा भरे सात प्रश्नों का उत्तर देते हैं।

श्री कृष्ण कहते हैं कि अक्षर, जो कभी नष्ट नहीं होता, वही परमात्मा है। श्री कृष्ण स्वंय को अविनाशी, परम ब्रह्म, अक्षर ब्रह्म कहते हैं। ब्रह्म, अध्यात्म, कर्म, अधियज्ञ, अधिभूत, अधिदैव आदि का विस्तृत वर्णन करते हुए कहते हैं कि जीवन के अंतिम समय में भगवान का जो स्मरण करता है, वह परम धाम को जाता है और जो सांसारिक स्मृतियों को लेकर देह छोड़ते हैं, उनका पुनर्जन्म होता है।

श्री कृष्ण अनन्य भक्ति और योगाभ्यास, प्रकाश और अंधकार अर्थात् अमावस्या और पूर्णिमा के पक्ष में देह छोड़ने वाले के मोक्ष और पुनर्जन्म के बारे में बताते हैं। वे कहते हैं कि मृत्यु के क्षणों में मनुष्य का कर्तव्य है कि वह भगवान का स्मरण करे, ताकि आसानी से मोक्ष को प्राप्त हो सके।

1. अर्जुन उवाच

कहो ब्रह्म का रूप क्या, और कर्म अध्यात्म।
कौन जगत अधिभूत है, है अधिदेवा आत्म।।

2.

मनुज कौन अधियज्ञ है, रहता किस आधार।
अंत समय फिर आपको, जाने कौन प्रकार।।

3. कृष्ण उवाच

जो अविनाशी है वही, दिव्य ब्रह्म है मर्म।
आत्मभाव अध्यात्म है, मिटे भाव वह कर्म।।

4.

मेरी अपरा शक्ति ही, है अधिभूत अनूप।
यज्ञ भोग मैं ही करूँ, वृहत दैव अधिरूप।।

5.

अंत समय में जो मनुज, करता मुझको याद।
प्राप्त मुझे होता वही, नहीं तनिक प्रतिवाद।।

6. (देवताओं को पूजने वालों का निरुपण)

हृदय रखे जिस भाव को, त्याग करे मनु देह।
मृत्यु पूर्व जो सोचता, पाता है वह गेह।।

7.

हे अर्जुन तू हर समय, करके मुझको याद।
शरणागत हो युद्ध कर, मुझे प्राप्त हो बाद।।

8.

पृथा पुत्र सुन थिर रहे, आत्म योग अभ्यास।
मनन करे नित चेतना, दिव्य परम हो पास।।

9.

देव सदा ही स्मृत रहे, विज्ञ वही संसार।
जगत नियंता सूक्ष्म है, तिमिर परे भरतार।।

10.

योग शक्ति से जो अचल, मध्य भृकुटि रख प्राण।
परमधाम वह प्राप्त कर, पाता है भव त्राण।।

11. (संन्यास योग और भक्ति योग से परमात्मा की प्राप्ति)

वेदों के ज्ञाता जिसे, अविनाशी हिय मान।
परम शरण मुनि ग्राहते, अर्जुन विधि वह जान।।

12.

वश में सब इंद्रिय करे, मन थिर हिय आवास।
प्राणवायु रख शीश में, धरे योग मन खास।।

13.

ब्रह्म जाप अक्षर करे, नाद भरे ओंकार।
सुमिर मुझे तन छोड़ता, प्राप्त करे भव पार।।

14.

कुंती सुत अर्जुन मुझे, करे निरंतर याद।
मनुज लीन मुझमें सदा, मिलूँ उसे सत् वाद।।

15.

मुझे प्राप्त जो कर लिया, मिले मोक्ष के द्वार।
पुनर्जन्म होता नहीं, क्षणभंगुर संसार।।

16.

ब्रह्म नित्य सब लोक में, जन्म-मृत्यु है व्याप्त।
अर्जुन पाता जो मुझे, जन्म नहीं हो प्राप्त।।

17.

युग सहस्त्र-चारों लिए, ब्रह्म करे दिन-रात।
विज्ञ मनुज ही जानते, काल तत्व की बात।।

18.

ब्रह्मा के दिन-रात से, प्राणी प्रकट विलीन।
नित्य जगत अव्यक्त है, समझें मर्म महीन।।

19.

पृथा पुत्र सब जीव हो, उद्भव बारंबार।
प्रकट विलय नित चक्र है, ब्रह्म रचे संसार।।

20.

ब्रह्म परे अव्यक्त है, शाश्वत आदि अनंत।
जीव नष्ट होता मगर, नहीं परम का अंत।।

21.

अविनाशी अक्षर जिसे, दिया वेद ने नाम।
प्राप्त परम गति जीव हो, श्रेष्ठ वही मम धाम।।

22.

सर्वभूत है ब्रह्म जो, दृश्यमान संसार।
मिले भक्ति से पार्थ वह, अखिल जीव आगार।।

23. (प्रकाश मार्ग और अंधकार मार्ग का निरूपण)

देह त्याग जब मृत्यु हो, जीव मुक्त किस काल।
पुनर्जन्म फिर जो धरे, पार्थ कहूँ वह हाल।।

24.

शुक्ल पक्ष का चाँद नभ, रवि उत्तर दिशिमान।
त्याग देह छह मास जो, ब्रह्म प्राप्त हो जान।।

25.

कृष्ण पक्ष में शशि घटे, दक्षिण रवि हो भार।
जीव स्वर्ग को भोगकर, आता फिर संसार।।

26.

कृष्ण-शुक्ल पथ मृत्यु का, कहे वेद संयुक्त।
तिमिर पथी फिर लौटते, धवल पथी हो मुक्त।।

27.

विज्ञ रहे पथ से मगर, जो हैं मेरे भक्त।
पार्थ मोह व्यापे नहीं, अचल भक्ति हर वक्त।।

28.

योग ग्राह्य करता मनुज, पठन यज्ञ तप दान।।
प्राप्त तत्व मर्मज्ञ हो, मिले परम पद मान।।

❖

अध्याय 9

राज विद्या राज गुह्य योग

श्रीमद्भगवद्गीता के नवम अध्याय में योगेश्वर भगवान श्री कृष्ण भक्ति, दिव्य ज्ञान तथा सर्वोच्च ज्ञान भगवान की व्यापकता, सृष्टि के संचार, पालन और संहार का सम्यक वर्णन करते हैं।

श्री कृष्ण अनन्य भक्ति के रूप, सरल उपासना, भगवान के समदर्शी रूप का वर्णन करते हुए, सच्ची श्रद्धा-भक्ति द्वारा ईश्वर को पाने का सुगम मार्ग और श्रद्धा-प्रेम से अर्पित फल, पुष्प, नीर को स्वीकार करने के विषय में बताते हैं।

श्री कृष्ण कहते हैं कि सभी जीवों में उपस्थित होकर भी भगवान अपनी योगमाया से तटस्थ पर्यवेक्षक बने रहते हैं। सृष्टि के अंत में सब कुछ स्वयं में लीन कर, फिर से सृष्टि की उत्पत्ति करते हैं। वे कहते हैं, जो मनुष्य पूर्ण श्रद्धा से उन्हें स्मरण करता है, वे उनकी रक्षा करते हैं तथा कभी पतन नहीं होने देते हैं। अगर कोई अधर्मी-पापी भी शरणागत हो, तो प्रभु अपनाते हैं।

इस प्रकार समर्पण भाव से सदैव उनकी आराधना करने का गूढ़ ज्ञान देते हैं।

1.

दोषरहित अर्जुन तुझे, दूँ वह गोपन ज्ञान।
दुखमय इस संसार से, रहे मुक्त सुन जान।।

2.

नृपति ज्ञान विद्या सकल, पावन रहस्य श्रेष्ठ।
धर्म कर्म सुख शांति से, मिले अनश्वर ज्येष्ठ।।

3.

रहे धर्म श्रद्धा परे, पाते मुझे न पार्थ।
जन्म-मृत्यु पीड़ा सहे, भोगे जीव यथार्थ।।

4.

बनूँ हेतु दृष्टव्य जग, रहूँ अलौकिक नित्य।
प्राणी मुझमें वासिता, वासित करूँ न कृत्य।।

5.

मूल सृष्टि कारण बनूँ, सम्यक पालनहार।
योग पूर्ण ऐश्वर्य बन, प्राण शक्ति आधार।।

6.

सम्यक विचरण कर पवन, अंबर करे निवास।
प्राणी वैसा ही सभी, करते मुझमें वास।।

7. (जगत् का परिवर्तनशील होने का कारण)

होते सब प्राणी विलय, मुझमें ही कल्पांत।
पुनः करूँ उत्पन्न मैं, आदि कल्प हो कांत।।

8.

जीव भटकता योनि है, लख चौरासी बार।
जन्म प्रकृति वश फिर धरे, कर्म बनें आधार।।

9.

सुनो धनंजय कर्म ये, बाँधे मुझे न पार्थ।
उदासीन हो मैं रहूँ, अनासक्त निःस्वार्थ।।

10.

घूम रहा जग चक्र नित, मेरे ही अनुसार।
जीव जन्म या नाश हो, मैं ही सब कर्तार।।

11. (मोह से ग्रसित और मोह से मुक्त स्वभाव वालों के लक्षण)

मूढ़ मनुज समझें मुझे, नश्वर तन आधार।
प्रकृति जीव स्वामी नहीं, जानें यह संसार।।

12.

कर्म ज्ञान आशा सभी, रहे नही परिपूर्ण।
रूप मनुज मोहक सनें, प्रकृति आसुरी तूर्ण।।

13.

कुंती सुत दैवी गुणी, हुए मोह जो रिक्त।
भजते अक्षर मानकर, आत्म जीव सम लिप्त।।

14.

दृढ़ संकल्पित हो मुझे, जपे सतत ले नाम।
पूजा अर्चन भक्ति से, रह-रह करे प्रणाम।।

15.

भिन्न-भिन्न रख भावना, मनुज मानते तत्व।
पूजन मेरा ही करे, विश्व रूप है सत्व।।

16.

मैं ही तर्पण यज्ञ हूँ, औषध-बूटी रूप।
मंत्र अग्नि समिधा बनूँ, पावन पीतर धूप।।

17.

मातु-पिता ब्रह्मांड का, गूँजित रव ओंकार।
सम्यक समत्व प्रार्थना, वेद रूप साकार।।

18.

परम लक्ष्य मैं ही जगत, कर्म दृष्टि व्यवहार।
पार्थ सखा स्वामी बनूँ, करूँ सृष्टि संहार।।

19.

सूर्य रूप वाष्पित करूँ, बनूँ वृष्टि जलधार।
रहूँ असत सत सर्वदा, अमिय मृत्यु संसार।।

20. सकाम पूजा निष्काम पूजा का फल

वेद यज्ञ से पूजता, स्वर्ग प्राप्ति ले आस।
पुण्य फलित हो भोगता, मनुज स्वर्ग उल्लास।।

21.

वेद रीत पालन करें, जीवात्मा सुख सार।
स्वर्ग सुखों को भोगकर, धरे जन्म हर बार।।

22.

लक्ष्य मुझे जो मानकर, करते पूजा कर्म।
निज भक्तों का मैं करूँ, नित्य सुरक्षा धर्म।।

23.

श्रद्धापूर्वक जो मनुज, देव पूजते अन्य।
अर्ध ज्ञान से ही मुझे, पाते नहीं अनन्य।।

24.

भोगी सम्यक यज्ञ का, अधिपति मैं संसार।
मनुज न जाने तत्व यह, लेता जन्म हजार।।

25.

पूजे जिस आराध्य को, मिलता वही अभीष्ट।
पुनर्जन्म होता नहीं, माने मुझको इष्ट।।

26.

भक्ति भाव निष्काम से, करते अर्पण लोग।
नीर पुष्प फल पात सब, करता हूँ मैं भोग।।

27.

दान हवन तप कर्म जो, करता है तू पार्थ।
अर्पित उनको कर सभी, मुझको तू निःस्वार्थ।।

28.

नित्य योग संन्यास ही, ईश प्राप्ति की युक्ति।
कर्म फलों के बंध से, होगी तुमको मुक्ति।।

29.

शुद्ध भक्ति से स्मर करें, रहें परस्पर पास।
सम्यक स्थित हूँ सृष्टि में, नहीं मित्र-अरि खास।।

30.

दुष्कर्मी भी नित अगर, जपता हरि का नाम।
पार्थ साधु वह भक्त है, सुन लें सभी पयाम।।

31.

धर्म कर्म मन शुद्ध हो, मिले भक्त चिर शांति।
नष्ट कभी होता नहीं, पार्थ दूर कर भ्रांति।।

32.

निम्न योनि जन्मा मनुज, वैश्य नार या शूद्र।
परमधाम को ग्राह्य हो, शरण भले हों क्षुद्र।।

33.

शूद्र प्राप्त कर भक्ति से, शरण परम मम धाम।
विप्र नृपति फिर बात क्या, पार्थ भजन कर नाम।।

34.

अर्जुन मुझमें मन रमा, कर नित भक्ति प्रणाम।
चरण शरण थिर पूर्ण हो, निश्चित पा मम धाम।।

❖

अध्याय 10

विभूति योग

श्रीमद्भगवद्गीता के दशम अध्याय में योगेश्वर भगवान श्री कृष्ण स्वयं के विषय में कहते हैं कि वे ही सृष्टि के कारण हैं। आदित्यों में विष्णु, प्रकाशों में सूर्य, वेदों में सामवेद, ऋषियों में भृगु, नदियों में गंगा, शस्त्रधारियों में अर्जुन, नाम अक्षरों में ओंकार तथा विधाओं में अध्यात्म हैं।

श्री कृष्ण अपनी विभूतियों का वर्णन करते हुए कहते हैं कि मैं ही समस्त चराचर का स्वामी हूँ। जो कुछ भी तेज और ऐश्वर्य दृष्टिगोचर हो रहा है, वह सब मेरा ही अंश है। मैंने ही संपूर्ण जगत को अपने एक अंश से विस्तार किया है।

इस अध्याय में श्री कृष्ण ईश्वर की सर्वश्रेष्ठता को पहचानने और मन में गहरी आस्था और भक्ति का भाव उत्पन्न करने का संदेश देते हैं।

1. कृष्ण उवाच

पार्थ वचन अनमोल ये, कहता हूँ सुन ध्यान।
अर्जुन मम प्रिय हो सदा, तव हित बोलूँ मान।।

2.

आदि हेतु हूँ जग अखिल, रहे सभी अनजान।
देव संत अनभिज्ञ सब, मुझको कारक मान।।

3.

आदि-अंत से हूँ परे, मर्म तत्व हो ज्ञान।
मोह मुक्त पापों रहित, होता मनुज महान।।

4.

बुद्धि ज्ञान सद्आचरण, इंद्रियनिग्रह भाव।
सुख-दुख जग अनुभूतियाँ, मुझसे रहे प्रभाव।।

5.

जन्म-मृत्यु या भय-अभय, विविध भाव संतुष्ट।
यश-अपयश तप-दान सब, मुझसे ही परिपुष्ट।।

6.

सातों महर्षि हैं सभी, जग सनकादि कुमार।
हुए स्वयंभू मम कृपा, संतति बन संसार।।

7.

योग शक्ति मम तत्व से, हुआ जिसे संज्ञान।
शांत चित्त से लीन हो, परम भक्ति में जान।।

8. (भक्ति योग का फल)

अखिल विश्व का नाथ मैं, मुझसे सब गतिमान।
भक्ति-भाव से जप करे, ज्ञानी श्रद्धावान।।

9.

चित्त लीन मम जो करे, मेरा ही गुणगान।
सतत तुष्ट आनंदमय, करते नित्य बखान।।

10.

मुझमें रमते भक्त जो, प्रेमयुक्त कर ध्यान।
प्राप्त मुझे वह हो सके, दूँ वह बुद्धि प्रदान।।

11.

ज्ञान रूप दीपक बनूँ, हरूँ तिमिर अज्ञान।
आत्म-परिष्कृत मैं करूँ, भक्तों का यह जान।।

12. (अर्जुन स्तुति)

परम ब्रह्म परमेश्वरा, प्रभुवर जगदाधार।
आदि अजन्मा देव हो, व्याप्त सकल संसार।।

13.

हे कृष्णा कहते मुझे, गूढ़ तत्व संज्ञान।
ऋषि-मुनि देवल हैं सभी, नारद करे बखान।।

14.

केशव मैं सब मर्म को, करूँ पूर्ण स्वीकार।
सत्य रूप प्रभु आपके, परे सदा संसार।।

15.

श्रेष्ठ पुरुष ब्रह्मांड प्रभु, सब देवों के देव।
जान सके कब आपको, कृपा बिना न त्वमेव।।

16. अर्जुन द्वारा भगवान के ऐश्वर्यों के लिए प्रार्थना

हे केशव करिए कृपा, कहें अलौकिक रूप।
हैं समर्थ बस आप ही, सम्यक रूप अनूप।।

17.

कैसे चिंतन नित करूँ, सकूँ आपको जान।
योगेश्वर वह भाव स्मर, दें प्रभु मुझको ज्ञान।।

18.

योग शक्ति ऐश्वर्य को, कहें पुनः विस्तार।
अमिय वचन सुन आपके, नहीं तृप्ति मन धार।।

19. (भगवान द्वारा अपने ऐश्वर्यों का वर्णन)

सुन अर्जुन तेरे लिए, कहता मैं विस्तार।
रूप अलौकिक नित्य है, परे सदा संसार।।

20.

सुन अर्जुन प्राणी सभी, रहूँ हृदय बन आत्म।
जन्म मरण कारण बनूँ, मैं ही जग परमात्म।।

21.

आदितेय में विष्णु मैं, सूर्य दीप्ति बन पुंज।
मरुतों में मरिची सदा, शशि नक्षत्रों कुंज।।

22.

सामवेद हूँ वेद में, देवों में अमरेश।
बनूँ नित्य मन इंद्रियाँ, जीव चेतना वेश।।

23.

मैं ही शिव सब रुद्र में, स्वामी यक्ष कुबेर।
वसुओं में हूँ अग्नि मैं, पर्वत बनूँ सुमेर।।

24.

मुख्य बृहस्पति विप्र मैं, सैन्य प्रमुख में स्कंद।
रहूँ जलाशय सिंधु बन, सकल सृष्टि रख छंद।।

25.

महर्षियों में भृगु समझ, वाणी में ओंकार।
यज्ञों में जप यज्ञ मैं, पर्वत हिम साकार।।

26.

गाछों में हूँ द्रुम महा, ॠषि में नारद मान।
गंधर्वों में चित्ररथ, नर मुनि कपिल महान।।

27.

मथित सिंधु से प्राप्त सम, उच्चैःश्रवा तुरंग।
ऐरावत गज पार्थ मैं, भूप मनुज के संग।।

28.

हथियारों में वज्र हूँ, सुरभि रहूँ सब धेनु।
कामदेव हूँ प्रेम का, वासुकि विषधर रेनु।।

29.

शेषनाग फणधर रहूँ, वरुण देव जलराज।
पितर अर्यमा मैं सदा, विधि पालक यमराज।।

30.

दनुज भक्त प्रह्लाद हूँ, वक्त गणक सुविधान।
पशुओं में हूँ सिंह मैं, खग नृप गरुड़ सुजान।।

31.

पावनकर्ता वायु मैं, शस्त्र धरूँ बन राम।
ग्राह रहूँ सब मीन में, सुरसरि सलिल सुनाम।।

32.

आदि मध्य हूँ अंत मैं, अर्जुन सृष्टि वितान।
ज्ञान ब्रह्मविद्या सकल, तार्किक सत्य विधान।।

33.

अक्षर में ओंकार हूँ, रहता द्वंद्व समास।
वक्त अनंतिम मैं सदा, सृष्टि स्वरूप विकास।।

34.

करूँ ध्वंस मैं मृत्यु बन, और सृजन भव सृष्टि।
रखूँ स्त्रैण गुण को सभी, बुद्धि क्षमा मधु वृष्टि।।

35.

मैं गायत्री छंद हूँ, सामवेद का गान।
मार्गशीर्ष सब मास में, कुसुमाकर मैं जान।।

36.

छलने वालों में जुआ, बनूँ विजेता जीत।
सदा वणिक संकल्प मैं, सत्यनिष्ठ हूँ मीत।।

37.

वासुदेव यदुवंश का, अर्जुन पांडव आर्य।
मैं मुनि वेदव्यास हूँ, कवि में शुक्राचार्य।।

38.

दंड दमनकर्ता रहूँ, विजयी हृदय विधान।
गोपनीय का मौन मैं, बनूँ विद्व का ज्ञान।।

39.

अर्जुन मैं ही बीज हूँ, जीव हेतु उत्पन्न।
सभी चराचर जीव जग, मेरे बिन अवसन्न।।

40.

अंत न मेरे रूप का, लौकिक रहे परोक्ष।
दिया सार विवरण तुझे, मिले यथा जो मोक्ष।।

41.

कांतियुक्त ऐश्वर्य जो, दिखते लौकिक वंश।
अर्जुन मेरे ही सभी, हैं तेजस्वी अंश।।

42.

पार्थ ज्ञान सारे अभी, समझो मत अनिवार्य।
एक अंश बस मात्र से, करूँ जगत को धार्य।।

❖

अध्याय 11

विश्व रूप दर्शन योग

श्रीमद्भगवद्गीता के ग्यारहवें अध्याय में योगेश्वर भगवान श्री कृष्ण कहते हैं कि बिना अनन्य भक्ति के चतुर्भुज रूप का दर्शन भी दुर्लभ है।

इस अध्याय में भगवान श्री कृष्णा अर्जुन को दिव्य दृष्टि प्रदान करते हैं और अपना विराट स्वरूप दिखाते हैं। जिसमें अनंत ब्रह्मांड, देवता और कौरव सेना का विनाश दृष्टिगोचर होता है। भगवान का तेज अनेक सूर्यों के बराबर है। अर्जुन देखते हैं कि कौरव सेना के सभी योद्धा श्री कृष्ण के विराट मुख में प्रवेश कर नष्ट हो रहे हैं। इस अद्‌भुत और भयानक रूप को देखकर अर्जुन भयभीत होकर भगवान को अपने सौम्य चतुर्भुज रूप में आने की प्रार्थना करते हैं।

श्री कृष्ण कहते हैं, हे अर्जुन, तुम भयभीत मत होओ। यह रूप वेद, तप, ध्यान या दान से नहीं, बल्कि अनन्य भक्ति से ही देखा जा सकता है। भगवान संदेश देते हैं कि निष्काम भक्ति ही ईश्वर को पाने का श्रेष्ठ मार्ग है।

1. अर्जुन उवाच (अर्जुन द्वारा विश्व रूप के दर्शन के लिए प्रार्थना)

कृपित हुआ मैं आपसे, मिला परम सुज्ञान।
मोह हृदय का दूर हो, जागा आत्म विधान।।

2.

सृष्टि प्रलय उत्पत्ति सब, सुना आपके बैन।
अविनाशी महिमा वृहत, अनुपम पंकज नैन।।

3.

वर्णित अवगत रूप सब, देख झुकाता माथ।
वृहत रूप दर्शन करूँ, यही चाह अब नाथ।।

4.

देख सकूँ उस रूप को, योग्य अगर हूँ मान।
योगेश्वर करिए कृपा, विश्व रूप अवदान।।

5. भगवान द्वारा विश्व रूप का वर्णन

कोटि-कोटि शत रूप हैं, रंग भरे अनलेख।
भिन्न-भिन्न आकृति लिए, पार्थ मुझे तू देख।।

6.

अदिति पुत्र बारह सभी, आठों वसु अवतार।
रुद्र मरुत गण पार्थ सब, हैं अश्वनी कुमार।।

7.

पार्थ देख ले आज तू, सृष्टि सकल विस्तार।
मेरी काया में सभी, रमा हुआ संसार।।

8.

नैन अलौकिक रूप वह, नहीं सकेगा देख।
दिव्य दृष्टि अब धार ले, योग शक्ति अनलेख।।

9. संजय उवाच (धृतराष्ट्र के समक्ष विश्व रूप का वर्णन)
संजय बोले नृप सुनो, कह अर्जुन से बात।
योगेश्वर श्री कृष्ण ने, किया रूप साक्षात।।

10.

है विराट अद्‌भुत अहो, रूप अलौकिक भूप।
शस्त्र-हाथ है भूषणा, चक्षु वृहत मुख रूप।।

11.

दिव्य-माल परिधान तन, सुरभित अनुपम गात।
सर्वव्यापी रूप को, देख पार्थ हर्षात।।

12.

अगर गगन में हों उदित, दिनकर एक हजार।
प्रभा किरण पाए नहीं, सर्वेश्वर का पार।।

13.

पांडु पुत्र अर्जुन निरख, भिन्न रूप सब सृष्टि।
रहे व्याप्त सर्वेश तन, अगणित विश्व समष्टि।।

14.

रोमांचित अर्जुन हुए, हर्षित विस्मित नैन।
नमित शीश करबद्ध हो, कहे कृष्ण से बैन।।

15. अर्जुन उवाच (अर्जुन द्वारा विश्वरूप की स्तुति करना)
सब देवों को प्रभु यहाँ, देख रहा हूँ जाग।
ब्रह्म रुद्र ऋषिगण सभी, दिव्य सर्प हैं नाग।।

16.

विश्व रूप जगदीश हे, अनगिन मुख पद हाथ।
आदि अंत अरु मध्य को, ढूँढ़ रहा मैं नाथ।।

17.

शीश मुकुट मणि साजते, गदा चक्र कर धार।
तेज पुंज रवि सम लगे, पावक ज्यों अंगार।।

18.

परम ब्रह्म प्रभु आप ही, जगत श्रेष्ठ आधार।
धर्म सनातन रक्षिते, पुरुष अनश्वर सार।।

19.

नहीं अंत आरंभ है, मध्य ओर या छोर।
रवि-शशि नैनन आपके, अनगिन भुज चहुँओर।।

20.

दशों दिशा में व्याप्त हैं, धरा-गगन तक आप।
विकट रूप विस्मित करे, है त्रिलोकमय ताप।।

21.

समा रहे सब आपमें, करते हैं गुणगान।
उत्तम वैदिक स्तोत्र का, ऋषिगण करे बखान।।

22.

असुर देव विस्मित लखें, शिव वसु गण आदित्य।
पितर मरुत गंधर्व हैं, यक्ष अश्विनी नित्य।।

23.

कोटि-कोटि मुख नैन हैं, पग कर जंघा आप।
दंत उदर हैं कोटिश:, लोक भीत सब माप।।

24.

आलोकित मुख आपका, दीप्तिमान हैं नैन।
गगन शीर्ष तक देख मैं, खोता धीरज-चैन।।

25.

रदन लगे विकराल हैं, पावक प्रलयी रूप।
ज्ञान नहीं हो पा रहा, कृपा करें भवभूप।।

26.

नृप कौरव सुत कर्ण हैं, भीष्म द्रोण सब वीर।
गमन मार्ग मुख आपके, करें तीव्र गति तीर।।

27.

सहयोद्धा मेरे सभी, समा रहे मुख काल।
दंत सिरों में कुछ फँसे, हुए चूर्ण सम हाल।।

28.

तीव्र वेग ज्यों भागती, सरिता सिंधु प्रवाह।
मनुज लोक के वीर तव, करे गमन मुख दाह।।

29.

शलभ अग्नि में दग्ध हो, करते स्वयं विनाश।।
ताहि चले मुख आपके, दहते सम मुख पाश।।

30.

हे सर्वेश्वर भक्षते, चाँट रहे सब आप।
तीव्र प्रभा ब्रह्मांड को, दहकाता तव ताप।।

31.

देव श्रेष्ठ करिए कृपा, भीम रूप हैं कौन।
नमन करूँ मैं आपको, कहें सत्य का मौन।।

32. (भगवान द्वारा अपने प्रभाव का वर्णन)
महाकाल मैं हूँ जगत, करूँ नित्य संहार।
समर करे या मत करे, रहे नहीं संसार।।

33.

सुनो सव्यसाची यहाँ, अभी करो संग्राम।
शत्रु मृतक होंगे सभी, बन तू लक्ष्य तमाम।।

34.

द्रोण भीष्म योद्धा सहित, कर्ण जयद्रथ वीर।
निर्भय सबसे युद्ध कर, विजय मान रणधीर।।

35. संजय उवाच (भययुक्त अर्जुन द्वारा भगवान की स्तुति)
श्री हरि के सुनकर वचन, अर्जुन जोड़े हाथ।
पुनः पुनः करता नमन, रुद्ध कंठ नत माथ।।

36.

अंतरवासी नाथ श्री, सत्य भजित जग आप।
नमन करें सब सिद्ध जन, असुर भीत हों ताप।।

37.

नित्य पूज्य हो श्रेष्ठतम, आदि अनंता आप।
जगत नियंता आप ही, परम तत्त्व विभु जाप।।

38.

आदि-देव नर श्रेष्ठ जग, आश्रयदाता आप।
ज्ञेय नित्य सर्वज्ञ भी, विश्व रूप तव माप।।

39.

अग्नि वरुण यम चंद्रमा, परम पिता विभु नाथ।
कोटि-कोटि अभिवंद्य है, नमन करूँ नत माथ।।

40.

नमन करूँ चहुँओर से, सर्वेश्वर बस आप।
है अधीन ब्रह्मांड तव, प्रभुवर नित्य प्रताप।।

41.

सखा मानकर ही सदा, किया निम्न व्यवहार।
हठपूर्वक यदु कृष्ण कह, करता रहा पुकार।।

42.

प्रेमिल हिय निज मूर्खता, किया सदा अपमान।
हे अच्युत प्रार्थी बनूँ, क्षमा माँगता दान।।

43.

जगत पिता हो सृष्टि के, गुरु आध्यात्मिक आप।
परम शक्ति अज्ञेय हो, प्रभु जग अतुलित माप।।

44.

सर्वेश्वर पग हूँ नमित, कृपा करें रख हाथ।
यथा मित्र प्रेमी पिता, क्षमा दोष मम नाथ।।

45.

नहीं पूर्व दृष्टव्य यह, विश्व अलौकिक रूप।
भीत हर्ष मन व्याप्त मम, पुरुष श्रेष्ठ जग भूप।।

46.

प्रभु भुज सहस्त्र आपके, है विराट भगवान।
गदा शंख कर पद्म धर, देखूँ रूप महान।।

47. कृष्ण उवाच

हे अर्जुन मुदमय हुआ, तुम पर कृपा अपार।
तेज अलौकिक रूप का, जाने कब संसार।।

48.

यज्ञ-दान या पुण्य हो, तप-जप कर वेदार्थ।
विश्व रूप तेरे सिवा, लखें नहीं हे पार्थ।।

49.

मूढ़ भाव विचलित न हो, देख रूप विकराल।
भीत-रहित लख प्रेम से, चतुर्भुजी अवतार।।

50.

चतुर्भुजी फिर रूप धर, प्रकटे जगदाधार।
धैर्य सखा को बाँधते, सौम्य रूप साकार।।

51. (चतुर्भुज रूप के दर्शन की दुर्लभता और अनन्य भक्ति द्वारा सुलभता)

अर्जुन बोले प्रभु मुझे, भाया रूप अनूप।
सरल चित्त अब थिर हुआ, रहूँ प्रकृति अनुरूप।।

52.

है अलभ्य अर्जुन सुनो, चतुर्भुजी यह रूप।
अभिलाषा रखते सभी, दरस देव सब भूप।।

53.

वेद पाठ तप दान से, करके कोई यज्ञ।
दुर्लभ मेरा रूप ये, देख न पाए प्रज्ञ।।

54.

अत्युत्तम बस भक्ति से, होता साक्षात्कार।
यही विधा करती सदा, मुझमें अंतर सार।।

55.

कर्म भक्ति अर्पित मुझे, रहे कामना मुक्त।
प्राणी मैत्री भाव से, हो मुझमें संयुक्त।।

❖

अध्याय 12

भक्ति योग

श्रीमद्भगवद्गीता के बारहवें अध्याय में योगेश्वर भगवान श्री कृष्ण कहते हैं कि मन को एकाग्र कर जो सर्वोच्च श्रद्धा से मेरी उपासना करते हैं, वे श्रेष्ठ योगी कहलाते हैं। निराकार ईश्वर की उपासना कठिन है। यदि मन स्थिर न हो पाए, तो अभ्यास से करें और सभी कर्म मेरे लिए ही करें। अगर न कर पाएँ, तो कर्मफल की आसक्ति का त्याग करें।

श्री कृष्ण कहते हैं, जो साधक राग-द्वेष से दूर मैत्री भाव, करुणा, निर्भय और सुख-दुख में धीर रहने वाला संयमी और ईश्वर को सभी कामनाएँ अर्पित करता है, वही मुझे प्रिय है। जो साधक ईश्वर को निराकार मानकर साधना करते हैं, वे अपने शरीर को तप करके कष्ट देते हैं। सामान्य साधक ऐसा नहीं कर सकते हैं, वह विष्णु रूप की उपासना करते हैं। उन साधकों को मैं उन्हें शीघ्र ही नश्वर संसार से मुक्त करता हूँ।

ब्रह्म की उपासना के लाभ का वर्णन करते हुए श्री कृष्ण कहते हैं कि मन को परब्रह्म के जाप से ही वश में किया जा सकता है

1. अर्जुन उवाच

कौन पूर्ण योगी हुआ, कहिए अब हे नाथ।
करते निर्गुण भक्ति या, सगुण झुकाते माथ।।

2.

सुनो पार्थ है जो मनुज, करते मेरा जाप।
दिव्य रूप की अर्चना, योगी सिद्ध प्रताप।।

3.

किंतु बुद्धि मन से परे, भजे अनश्वर रूप।
इंद्रियनिग्रह कर सभी, पाते रूप अनूप।।

4.

कर मेरी आराधना, परहित करते काम।
परमात्मा चिंतन करे, पाए फल अविराम।।

5.

निराकार निर्गुण जपे, जो मुझको दिन-रात।
रहती कर्ता भावना, पाते दुख हिय गात।।

6.

अर्पित करते कर्म सब, शरणागत हो भक्त।
भक्ति योग मुझमें रहे, भाव विकल अनुरक्त।।

7.

नित्य रहे जो थिर हिया, करता चिंतन सार।
अर्जुन उद्धारक बनूँ, जन्म-मृत्यु भव पार।।

8.

अर्जुन थिर मुझमें रहो, करो बुद्धि संलग्न।
मुझमें होगा वास तू, वचन न होगा भग्न।।

9.

अविचल अगर न रह सको, अर्जुन करो प्रयास।
ईश प्राप्ति कर लालसा, भक्ति योग अभ्यास।।

10.

अगर नहीं वह हो सके, कर ले बस निज कर्म।
परम सिद्धि को प्राप्त हो, जान सखा ये मर्म।।

11.

नहीं कर्म तू कर सके, मेरे वास्ते पार्थ।
निस्पृह रह फल कर्म से, आत्म धीर पुरुषार्थ।।

12.

ज्ञान श्रेष्ठ थिर मन परे, अनुशीलन कर जाग।
ध्यान ज्ञान से है परम, शांति मिले फल त्याग।।

13. (भक्ति में स्थित मनुष्य के लक्षण)

राग-द्वेष से दूर हो, अंतस रख सम भाव।
अविकारी मन बंध से, क्षमाशील बर्ताव।।

14.

सतत भक्ति में हो मुदित, इंद्रिय निग्रह वास।
कर अर्पित मन बुद्धि जो, मुझे भक्त प्रिय खास।।

15.

विचलित होता है नहीं, करता कभी न आप।
प्रिय चिंता से हो परे, बिना हर्ष-संताप।।

16.

अभिलाषा से हो परे, आराधन हो शुद्ध।
रहे विमुख संताप से, अर्पित कर्म प्रबुद्ध।।

17.

हर्ष-शोक मन खिन्न से, रहे कामना मुक्त।
त्याग अशुभ-शुभ कर्म को, भक्ति भाव मम युक्त।।

18.

शत्रु-मित्र सम भाव हो, परे मान-अपमान।
सर्दी-गर्मी द्वंद्व से, सुख-दुख एक समान।।

19.

निंदा-स्तुति भी साम्य हो, मन इंद्रिय रख शांत।
अनासक्त थिर बुद्धि जो, मम प्रिय रहे न क्लांत।।

20.

धर्म रूप है रस सुधा, पालन करते रीत।
चरण शरण श्रद्धा सहित, भक्ति करे मम प्रीत।।

❖

अध्याय 13

क्षेत्र-क्षेत्रज्ञ विभाग योग

श्रीमद्भगवद्गीता के तेरहवें अध्याय में योगेश्वर भगवान श्री कृष्ण से अर्जुन पूछते हैं कि पदार्थ और आत्मा, क्षेत्र और क्षेत्रज्ञ, ज्ञाता-ज्ञान और जानने योग्य वस्तु में क्या अंतर है।

श्रीमद्भगवद्गीता के संपूर्ण अध्याय को हम वर्गीकरण करें, तो तीन खंडों में बाँटा गया है। प्रथम छह अध्याय में कर्म योग, दूसरे छह अध्याय में भक्ति योग और अंतिम छह अध्याय में तत्व ज्ञान की चर्चा की गई है। यह अध्याय खंड तीन का प्रथम अध्याय है। इस अध्याय में क्षेत्र अर्थात् शरीर और क्षेत्रज्ञ अर्थात् आत्म तत्व का ज्ञान, शरीर और आत्मा का अंतर, सच्चे ज्ञान का स्वरूप, परम पिता की भूमिका और ज्ञान के अनुभव से मोक्ष का रास्ता बताया गया है।

श्री कृष्ण कहते हैं कि जिस ज्ञान से आत्म और अनात्म तत्व के बारे में जाना जाए, वह अध्यात्म कहलाता है। आकाश, जिस प्रकार वायु, जल, अग्नि और पृथ्वी का कारण रूप होने से उनको व्याप्त करके स्थित है, उसी प्रकार परमात्मा भी कारण रूप होने से सकल सृष्टि में व्याप्त है।

इस अध्याय में भगवान श्री कृष्ण भौतिक पहचान से परे शाश्वत आत्मा को जानने और सच्चे ज्ञान के माध्यम से बुद्धि को विकसित करने के लिए पथ प्रशस्त करते हैं।

1. अर्जुन उवाच

जिज्ञासा मन में यही, केशव मैं अनजान।
ज्ञान क्षेत्र क्षेत्रज्ञ का, क्या है लक्ष्य विधान।।

2. कृष्ण उवाच

कर्म क्षेत्र यह गात है, आत्मा ही क्षेत्रज्ञ।
तत्व रूप जो जानते, करें परम नर यज्ञ।।

3.

मुझको ही ज्ञाता समझ, भरत वंश कौंतेय।
ज्ञाता को ही जान ले, मर्म ज्ञान अभिधेय।।

4.

कर्म क्षेत्र कायाजनित, रहता हेतु विकार।
शक्तिमान जो श्रेष्ठ है, सुनो पार्थ वह सार।।

5.

ऋषियों ग्रंथों ने कहा, वेद मंत्र उच्चार।
नीतिपरक वचनों सहित, कारण सब विस्तार।।

6.

पंचभूत त्रैगुण्यमय, दस इंद्रिय यह गात।
विषय भोग पंचेंद्रियाँ, करते मन को घात।।

7.

शब्द रूप रस गंधमय, विषय विकारी पुंज।
पिंड रूप काया सभी, सार यही सब कुंज।।

8. (ज्ञान का विषय)
क्षमावान मद मुक्त हो, हिंसा परे प्रवीर।
सहज सरल शुचि भाव हो, आत्मसंयमी धीर।।

9.

रहे भाव वैराग्य मन, विषय वृत्ति से मुक्त।
अहंकार से हो परे, मनन दोष निज युक्त।।

10.

पुत्र-नार अन्यान्य से, रहे अबंधित पार्थ।
भाव अशुभ-शुभ सम रहे, हो विरक्त निःस्वार्थ।।

11.

प्राप्ति मुझे हिय भाव हो, रहे भक्तिमय धीर।
एकाकी संसार से, अनासक्त हो तीर।।

12.

आत्मतत्त्व में थिर रहे, परम रूप भव भूप।
यही ज्ञान का मूल है, अन्य अज्ञ तम कूप।।

13. (क्षेत्रज्ञ का ज्ञान)
कारण कर्ता ही नहीं, रहे अगोचर पार्थ।
ज्ञेय योग्य यह बात है, परम ब्रह्म निःस्वार्थ।।

14.

कोटि-कोटि चहुँ दिशि नयन, हाथ पैर मुख शीश।
श्रावक परमात्मा सभी, सृष्टि व्याप्त मैं ईश।।

15.

मूल स्रोत हैं इंद्रियाँ, अनासक्त सब भाव।
त्रिगुणमयी गुण भोगते, परम ईश बर्ताव।।

16.

भीतर बाहर है सदा, सूक्ष्म रूप में जान।
वही चराचर है बसा, आत्म रूप पहचान।।

17.

भिन्न-भिन्न तन स्थित रहे, एक रूप ही सार।
ब्रह्म विष्णु या रुद्र बन, करे जन्म संहार।।

18.

है प्रकाश का मूल वह, आत्म ज्ञान का रूप।
वही ज्ञेय परमात्म ही, हृदय बसे भव भूप।।

19.

कर्म क्षेत्र अरु आत्म का, ज्ञान दिया मैं पार्थ।
परम भक्त ये जानते, करते प्राप्ति यथार्थ।।

20. (ज्ञानसहित प्रकृति पुरुष का विषय)
प्रकृति पुरुष अर्जुन यहाँ, हुए नित्य ये जान।
राग-द्वेष मालिन्य मन, त्रिगुण जनित सब मान।।

21.

कार्य-करण उत्पन्न का, हेतु प्रकृति हे पार्थ।
प्राणी कारण भोग का, है जग नित्य यथार्थ।।

22.

त्रिगुणमयी रस भोगता, मनुज वृत्ति संसार।
सुख-दुख जीवन कर्म से, जन्म धरे हर बार।।

23.

पालनकर्ता ईश ही, अनुमति देता जीव।
रहता साक्षी भाव से, आत्म रूप बलसींव।।

24.

जीव प्रकृति को गुण सहित, जो लेता है जान।
मनुज समय से हो परे, प्राप्त मोक्ष कर मान।।

25.

ध्यान योग कुछ हैं करे, कर्म योग निष्काम।
ज्ञान योग अनुशील से, पाते ईश्वर धाम।।

26.

ज्ञान परे अध्यात्म से, करते भक्ति श्रेष्ठ।
उपासना है कर सदा, पाते मोक्ष यथेष्ठ।।

27.

अर्जुन इस भव सिंधु में, प्राणी जो प्रतिपन्न।
जड़-चेतन संयोग से, सृष्टि काल उत्पन्न।।

28.

आत्मा अविनाशी सदा, जाने प्राणी रूप।
परम सत्य को जानता, मुक्त वही भव कूप।।

29.

सम्यक प्राणी चर-अचर, माने मनुज समान।
मन निग्रह कर हो गमन, परमधाम को जान।।

30.

प्रकृतिजन्य सब कार्य हैं, आत्म अकर्ता नित्य।
सत्य मर्म वह जानता, रूप यथार्थ अचिंत्य।।

31.

विविध-विविध भावों रहे, परमात्मा ही सार।
परमधाम को प्राप्त हो, देखे प्रभु विस्तार।।

32.

आत्मा अविनाशी सदा, प्रकृति गुणों से दूर।
काया से संलग्न ये, है तटस्थ भरपूर।।

33.

व्याप्त व्योम सर्वत्र ज्यों, सूक्ष्म गुणों के साथ।
देह कार्य से नित विलग, आत्मा है निष्पाथ।।

34.

सूर्य एक ब्रह्मांड में, सम्यक करे प्रभास।
वैसे ही सब जीव में, आत्मा भरे उजास।।

35.

ज्ञान चक्षु से जान ले, काया-आत्मा भेद।
जीव मोक्ष को प्राप्त हो, परमधाम निर्वेद।।

❖

अध्याय 14

गुणत्रय विभाग योग

श्रीमद्भगवद्गीता के चौदहवें अध्याय में योगेश्वर भगवान श्री कृष्ण त्रिगुणमयी गुणों के संयोजन से व्यक्ति का आचरण कैसे बनता है, इस सत्य को उद्घाटित करते हैं। इस प्रसंग में सत, रज, तम त्रैगुण्य की व्याख्या की गई है। इन गुणों से मुक्ति पाने का उपाय, शुद्ध मन से ईश्वर की भक्ति करना बताए हैं।

श्रीकृष्ण कहते है कि भगवान गुणों से परे हैं। जो भी मनुष्य प्रभु में मन लगाता है, वह भौतिकता के स्तर से दिव्य स्तर तक पहुँच जाता है। श्री कृष्ण कहते हैं कि सत्व गुण, व्यक्ति को ज्ञान में बाँधता है। रजस, आत्मा को कर्मों के प्रति प्रेरित करता है तथा तमस गुण बुद्धि को आच्छादित करता है। इस प्रकार भगवान श्री कृष्ण अर्जुन के मन में उमड़ती जिज्ञासा को शांत करते हैं।

श्री कृष्ण कहते हैं कि यह त्रैगुण्य मनुज के सभी विचारों, कार्यों और आचरण को पाशित करता है तथा मनुष्य के व्यक्तित्व और आचरण का आधारभूत तत्व बनता है।

1. कृष्ण उवाच

सर्वश्रेष्ठ सब ज्ञान से, पार्थ सुनों यह ज्ञान।
परम सिद्धि को प्राप्त हैं, मुनि सब संत सुजान।।

2.

होकर थिर इस ज्ञान में, मम प्रवृत्ति कर प्राप्त।
जन्म-मृत्यु से हो परे, सुख-दुख रहे न व्याप्त।।

3.

अष्ट प्रकृति जड़ ही यहाँ, जननी है संसार।
बह्म रूप हूँ पार्थ मैं, चेतन करूँ प्रसार।।

4.

जगत जीव उत्पन्न जो, धारण करती गात।
मातु मही तू जान ले, ब्रह्म पिता हूँ तात।।

5. (प्रकृति के गुणों की क्रियाशीलता)

महाबाहु अर्जुन सुनो, प्रकृति जनित सब तत्व।
त्रिगुणमयी कारण सदा, बँधा ब्रह्म तन सत्व।।

6.

सतगुण होता शुद्ध है, करता आत्म प्रकाश।
पाप कर्म से मुक्त हो, बँधे ज्ञान का पाश।।

7.

लोभ-लालसा को जने, रज गुण है कौंतेय।
प्राणी होता बद्ध है, फलासक्ति अभिधेय।।

8.

तम गुण करता बाध्य है, मोह भरे अज्ञान।
जीव रहे आलस्य में, बुद्धि भ्रमित हो मान।।

9.

मनुज सतोगुण से बँधा, पाता सुख संसार।
रज-तम गुण पूरित रहे, अवगुण भरे हजार।।

10.

हे भारत सत गुण बढ़े, रज-तम गुण हो न्यून।
सत-रज हो जब न्यून तब, रहे तमोगुण दून।।

11.

ज्ञानेंद्रिय चैतन्य हो, अंतस प्रभा प्रगाढ़।
अर्जुन तब ये जान लो, है सतगुण की बाढ़।।

12.

विषय भोग मन लालसा, लोभ मोह अज्ञान।
यही रजोगुण हेतु है, भारत तू ये मान।।

13.

रहे तमोगुण वृद्धि से, बुद्धि परे संसार।
लोभ-मोह से हो ग्रसित, मनुज करे आचार।।

14.

सतोगुणी हो मृत्यु को, प्राप्त करे जो पार्थ।
फलीभूत हो कर्म शुचि, मिलता स्वर्ग यथार्थ।।

15.

रजोगुणी फिर जन्म ले, रखता फल आसक्ति।
तमोगुणी भव प्राप्त हो, निम्न योनि ले वृत्ति।।

16.

मिले सतोगुण कर्म से, निर्मल फल सुख जान।
दुःख रजोगुण से मिले, तम गुण फल अज्ञान।।

17.

ज्ञान जनक सतगुण रहे, रजगुण जनता लोभ।
तम गुण करता मोह है, भरता प्रमाद क्षोभ।।

18.

सतोगुणी जो जीव है, करे प्राप्त है स्वर्ग।
रज गुण पृथ्वी लोक में, नीच योनि तम नर्क।।

19. (गुणातीत पुरुष के लक्षण)
प्रकृति गुणों को मान जो, रहता द्रष्टा रूप।
त्रिगुण रूप से हो परे, पाता है भवभूप।।

20.

त्रिगुणात्मक से हो परे, जीव रहे संसार।
जरा-मृत्यु से दूर हो, भोगे सुख रस धार।।

21. अर्जुन उवाच
अर्जुन पूछे कृष्ण से, त्रिगुणमयी पहचान।
गुणातीत कैसे रहें, प्रभु अब दें सद्ज्ञान।।

22.

सत रज तम की वृद्धि से, होता मनुज स्व धीर।
रहे विमुख सब भाव से, पार्थ वही गुण वीर।।

23.

अस्थिर होता जो नहीं, उदासीन गुण कर्म।
एक भाव में थिर रहे, जान प्रकृति का मर्म।।

24.

आत्म-भाव में दृढ़ हो, सुख-दुख रहे समान।
माटी पाथर स्वर्ण सम, निंदा यश अपमान।।

25.

शत्रु मित्र सब एक हो, रखे न कर्ता भाव।
गुणातीत वह मान्य है, रहता निज सम चाव।।

26.

जो तटस्थ रहता मनुज, भाव भक्ति हर हाल।
त्रिगुणवृत्ति से हो परे, रहे ब्रह्म पद काल।।

27.

अविनाशी परब्रह्म का, मैं ही आश्रय हर्ष।
धर्म नित्य शाश्वत अमिय, पार्थ रूप उत्कर्ष।।

❖

अध्याय 15

पुरुषोत्तम योग

श्रीमद्भगवद्गीता के पंद्रहवें अध्याय में योगेश्वर भगवान श्री कृष्ण ने इस भौतिक जगत् की नश्वरता की तुलना बरगद के वृक्ष से की है। जिस प्रकार वट वृक्ष को उलटा कर दें, तो मूल ऊपर और शाखा-पत्ते नीचे होते हैं, उसी प्रकार यह समस्त जगत् है, जिसमें परमात्मा का सबसे ऊपर स्थान है। आत्मा जो है, परमात्मा से परे होकर इस सृष्टि के मोह-माया और इंद्रियों से नित्य संघर्ष करती है।

भगवान श्री कृष्ण कहते हैं कि इस माया-पाश को अनन्य भक्ति और ज्ञान के शस्त्र से काटकर मोक्ष को प्राप्त किया जा सकता है। मनुष्य को चाहिए कि वह हमेशा परम-पद की खोज करे। ज्ञानी व्यक्ति इस मर्म को ज्ञान-चक्षु से देखकर समझ लेता है, किंतु अज्ञानी जीवन भर मोह-पाश के अँधेरे में भटकता रहता है।

इस अध्याय में भगवान श्री कृष्ण भौतिक संसार, आत्मा के अविनाशी रूप और क्षर-अक्षर से परे, जो परम सत्ता है, उसे जानने का संदेश देते हैं और मोक्ष प्राप्ति का उपाय बताते हैं।

1. कृष्ण उवाच

विश्व वृक्ष सम जान लो, ऊर्ध्व रहे सब मूल।
पात स्त्रोत वैदिक सभी, विज्ञ न करते भूल।।

2.

डाल सभी हैं योनियाँ, निम्न उच्च हैं धार।
विषय रूप किसलय सभी, कर्म बँधे विस्तार।।

3.

आदि-अंत इस वृक्ष का, हुआ नहीं आधार।
कटे सिर्फ वैराग्य से, वही एक हथियार।।

4.

परम लक्ष्य को चाहिए, अस्त्र लिए वैराग्य।
शरणागत को प्राप्त हो, विश्व जनक सौभाग्य।।

5.

मान-मोह से मुक्त जो, रहे सदा निरपेक्ष।
परमधाम को प्राप्त हो, सत्य ईश सापेक्ष।।

6.

सूर्य-चंद्र पावक नहीं, करते हैं आलोक।
परमधाम अर्जुन जहाँ, रहता मनुज अशोक।।

7.

सम्यक प्राणी अंश मम, सत्य सनातन सार।
कर्म करे सब इंद्रियाँ, प्रकृति वशी व्यवहार।।

8.

वायु गंध ज्यों कर चलित, सुरभि करे निर्दिष्ट।
जीवात्मा तन त्याग यों, करता अन्य प्रविष्ट।।

9.

जीव देह को प्राप्त कर, पाता नूतन रूप।
पंचेंद्रिय से भोगता, विषय भोग भव कूप।।

10.

जीवात्मा के कार्य को, मनुज न समझे पार्थ।
ज्ञान चक्षु है जब खुले, जाने वही यथार्थ।।

11.

आत्म रूप वह देखता, करे योग अभ्यास।
अज्ञानी न समझ सके, करके लाख प्रयास।।

12. जगत में परमात्मा की स्थिति का वर्णन

सूर्य-चंद्र पावक सकल, भरते सृष्टि उजास।
मुझसे ही उत्पन्न सब, है अर्जुन मम वास।।

13.

मैं धारक हर जीव का, लोक शक्ति कर योग।
चंद्र रूप नित बाँटता, जीवन रस का भोग।।

14.

बनूँ जीव जठराग्नि मैं, मैं ही पान-अपान।
पाचनकर्ता हूँ सदा, भिन्न-भिन्न खाद्यान्न।।

15.

जीव हृदय थिर आत्म हूँ, स्मृति-विस्मृति दूँ ज्ञान।
सकल वेद का ज्ञेय मैं, वेद जनक हूँ मान।।

16. (शरीर, आत्मा और परमात्मा का वर्णन)

क्षर-अक्षर दो भेद हैं, पार्थ जीव संसार।
अविनाशी बस आत्म है, नश्वर तन है सार।।

17.

श्रेष्ठ पुरुष परब्रह्म है, रहता तीनों लोक।
पालनकर्ता सृष्टि का, भरे हर्ष या शोक।।

18.

अक्षर-क्षर से मैं परे, उत्तम मेरा स्थान।
विश्व वेद विख्यात मैं, पुरुष श्रेष्ठ हूँ जान।।

19.

हे भारत जो भ्रम रहित, मुझको ले पहचान।
मनुज भक्ति नित है करे, जाने फिर भगवान।।

20.

गोपनीय इस ज्ञान को, सुन अर्जुन निष्पाप।
परम तत्त्व को जान ले, प्रखर बुद्धि ले आप।।

❖

अध्याय 16

दैवासुर संपद् विभाग योग

श्रीमद्भगवद्गीता के सोलहवें अध्याय में योगेश्वर भगवान श्री कृष्ण मनुष्य की दो प्रवृत्ति, सात्विक और आसुरी गुणों के बारे में बताते हैं। इसमें दिव्य गुणों निडरता, पवित्रता, ज्ञान, दान, यश, तप, अहिंसा, सत्य, त्याग, शांति और करुणा से युक्त आचरण को मुक्ति मार्ग और आसुरी प्रवृत्ति अहंकार, लोभ, क्रोध, राग, द्वेष, ईर्ष्या, हिंसा आदि आसुरी गुणों को नरक का द्वार बताते हैं।

श्री कृष्ण सभी आसुरी विचारों को भव बंधन का कारण बताते हैं और शास्त्र निहित आचरण करके आत्मज्ञान प्राप्त करने की शिक्षा देते हैं। वे आसुरी प्रवृत्तियों को नष्टकर और दैवीय प्रवृत्तियों को अपनाकर मुक्ति का मार्ग और आध्यात्मिक रूप से उन्नत होने की प्रेरणा देते है।

1. (दैवीय स्वभाव वालों के लक्षण)

आत्म-शुद्धि हो तप मनन, ज्ञान योग हो ध्यान।
मन-संयम हो सर्वदा, सरल हृदय पहचान।।

2.

मन वाणी अरु कर्म से, क्रोध लोभ कर त्याग।
दया शांति करुणा हृदय, इंद्रिय रहे विराग।।

3.

क्षमा धैर्य शुचि पावनी, तन मन रहता शुद्ध।
राग-द्वेष से दूर हो, दैवी भाव प्रबुद्ध।।

4.

पृथा पुत्र ये जान लो, अज्ञानता घमंड।
निष्ठुर क्रोधी आसुरी, भाव मनुज पाखंड।।

5.

सात्विक गुण है मोक्ष पथ, तमस गुणी है पाश।
अर्जुन तव गुण सत्व है, करो शोक का नाश।।

6. (आसुरी स्वभाव वालों के लक्षण)

हे अर्जुन संसार में, मनुज वृत्ति दो मान।
दैविक गुण को कह चुका, असुर वृत्ति ले जान।।

7.

असुर वृत्ति अनभिज्ञ सब, पावनता शुचि धर्म।
सत्य आचरण हो परे, करते अनुचित कर्म।।

8.

मिथ्या जग को मानते, नहीं ईश आधार।
कामेच्छा ही है प्रबल, सृष्टि सकल संसार।।

9.

आत्मज्ञान से दूर हो, असुर भाव से युक्त।
बुद्धिहीन पातक मनुज, करे अहित भव भुक्त।।

10.

काम लालसा अति रहे, झूठा रख अभिमान।
मोहग्रस्त जड़ वस्तु को, संकल्पित संधान।।

11.

दानव प्रवृत्ति के मनुज, रहते चिंता त्रस्त।
विषय भोग ही लक्ष्य बस, आजीवन हो ग्रस्त।।

12.

आशा पाशित कामना, क्रोधाधीन अपार।
धन संचय में हैं रमे, विषय तृप्ति संसार।।

13.

धन संग्रह की लालसा, भरता हिय कुविचार।
अधिक प्राप्ति की कामना, कल्पित रहे हजार।।

14.

अहं भाव मन में रहे, श्रेष्ठ मानते आप।।
परम ईश खुद को कहे, करे शक्ति निज माप।।

15.

मोहग्रस्त रखते सदा, दौलत का अभिमान।
यज्ञ दान परिवार का, अहं करे वह जान।।

16.

मोह जाल में ही बँधा, असुर वृत्ति इंसान।
विषय भोग में हो रसिक, गिरता नर्क महान।।

17.

भरा दर्प उर सर्वदा, मिथ्या धन सम्मान।
यज्ञ करे मदलीन हो, रहे न शास्त्र विधान।।

18.

व्यर्थ क्रोध बल आसुरी, ईर्ष्या करे घमंड।
आत्म रूप परमात्म का, निंदा करे प्रचंड।।

19.

अधम क्रूर कर्मी सदा, असुर करे व्यवहार।
पतन करूँ सब दानवी, निम्न योनि संसार।।

20.

असुर योनि को प्राप्त हो, जन्मों तक जो मूढ़।
मुझको पाते हैं नहीं, पार्थ मर्म ये गूढ़।।

21. (शास्त्रानुकूल आचरणों के लिए प्रेरणा)

काम क्रोध मद लोभ ही, नित्य नर्क का द्वार।
हे अर्जुन ये त्याज्य हैं, छोड़ इसे संसार।।

22.

मुक्त हुआ है जो मनुज, नर्क द्वार अज्ञान।
करे आत्म कल्याण निज, परम प्राप्त गति मान।।

23.

पाशित हो मन कामना, त्याग शास्त्र विधि कर्म।
सिद्धि परम गति हो नहीं, जान सभी यह मर्म।।

24.

मनुज कर्म की रीति सब, लिखा शास्त्र है ज्ञान।
कर्म करे सब विधि सहित, मनुज यही पहचान।।

❖

अध्याय 17

श्रद्धात्रय विभाग योग

श्रीमद्भगवद्गीता के सत्रहवें अध्याय में योगेश्वर भगवान श्री कृष्ण मनुष्य के गुण और स्वभाव के अनुसार श्रद्धा के तीन भेद बताते हुए कहते हैं कि खान-पान, आचार-विचार मनुष्य के त्रैगुण्य प्रकृति का कारण होता है। सात्विक आहार बुद्धि और तेज में वृद्धि करता है। राजसी आहार हमेशा दुखों का कारण होता है और तामसिक आहार बासी भोज्य होता है।

श्री कृष्ण मनुष्य को शास्त्र के अनुसार कर्म करने और प्रत्येक कर्म को निष्काम भाव से करने की प्रेरणा देते हुए ॐ तत् सत् की व्याख्या करते हैं और कहते हैं कि परम ब्रह्म को प्राप्त करने के लिए मनुष्य को ॐ, तत्, सत् का जप आचरण में शामिल करना चाहिए और कर्मों का शुद्धिकरण करना चाहिए।

1. अर्जुन उवाच

कहिए माधव जो मनुज, त्यागे शास्त्र विधान।
हो श्रद्धा से पूर्ण वह, त्रिगुणी क्या पहचान।।

2. कृष्ण उवाच

कहा कृष्ण अर्जुन सुनो, तन धारी सब जीव।
प्रकृति गुणों से लिप्त हो, श्रद्धा रहे अतीव।।

3.

प्रकृति जनित अर्जित सभी, श्रद्धा रहे प्रभाव।
जैसा रहता है मनुज, होता वही स्वभाव।।

4.

सत्व तत्व जिसमें रहे, देव पूजते जान।।
असुर यक्ष को राजसी, भूत तमो गुण मान।।

5.

शास्त्र विरोधी जो मनुज, करे तप अनुष्ठान।
अर्जुन कामासक्ति वह, प्रेरित हो अभिमान।।

6.

भ्रमित बुद्धि वाले मनुज, ईश जीव दे त्रास।
अज्ञानी होते वही, असुर वृत्ति हो वास।।

7. (स्वभाव के अनुसार आहार, यज्ञ, तप और दान)

मनुज प्रकृति अनुकूल ही, होता है आहार।
यज्ञ दान तप भी रहे, अर्जुन तीन प्रकार।।

8.

बुद्धि शुद्धि वय वर्धना, बलवर्धक संसार।
सतोगुणी को प्रिय सदा, मनभावन आहार।।

9.

तीखा खट्टा तिक्त सब, रजोगुणी के भोग।
दुःख शोक कारण बनें, भिन्न-भिन्न हों रोग।।

10.

बासी भोज्य सड़ांध हो, दूषित स्वादविहीन।
तमोगुणी को प्रिय वही, मय दुर्गंध मलीन।

11.

कर्म समझकर यज्ञ हो, करे न फल की आस।
सात्विक होता है वही, अर्जुन कर विश्वास।।

12.

भरत श्रेष्ठ यह जान ले, फलासक्ति हो यज्ञ।
अहंकार राजस वही, मान इसे तू प्रज्ञ।।

13.

बिना शास्त्र निर्देश के, बिना मंत्र अरु दान।
पंडित बिन श्रद्धा परे, यज्ञ तामसी मान।।

14.

विप्र ईश गुरु प्रज्ञ ये, पूजनीय सब सार।
तन का होता तप समझ, मन संयम आचार।।

15.

अप्रिय वचनों से परे, प्रिय हितकर हो बोल।
वेद शास्त्र उच्चारणा, वाणी तप हो घोल।।

16.

ईश्वर चिंतन आत्मथिर, हो मन में संतुष्टि।
पर आदर मन शुद्धि ही, मन तप करता पुष्टि।।

17.

श्रद्धामय बिन लालसा, भाव रहे उपयुक्त।
फल की इच्छा मत करें, सात्विक तप यह सूक्त।।

18.

मान-प्रतिष्ठा के लिए, करते पूजा जाप।
रजोगुणी वह तप रहे, कर्ता माने आप।।

19.

मूढ़ मनुज जो तप करे, देने पर-दुख भोग।
यत्न सहित करे कामना, तमोगुणी तप योग।।

20.

यथा समय कर दान जो, व्यक्ति भाव उपकार।
सतोगुणी वह तप रहे, सुनो पार्थ संसार।।

21.

हो प्रतिफल की भावना, रहे अनिच्छित दान।
रजोगुणी वह कर्म है, अर्जुन तू ये मान।।

22.

समय स्थान अनुचित जहाँ, होता व्यक्ति अयोग्य।
ज्ञान-मान से हो परे, दान तामसी भोग्य।।

23. (ॐ तत् सत् की व्याख्या)

परमब्रह्म शाश्वत सदा, अर्थ ब्रह्म है भूप।
ॐ तत् सत् उच्चारणा, वेद मंत्र प्रारूप।।

24.

ब्रह्म प्राप्ति इच्छा रखे, दान शास्त्र विधि यज्ञ।
प्रणव नित्य उच्चारते, पार्थ रहे वह प्रज्ञ।।

25.

फल की रखें न चाह जो, करे मोक्ष की आस।
यज्ञ-दान तप की क्रिया, तत् से करे प्रयास।।

26.

पृथा पुत्र अर्जुन सुनो, साधुवृत्ति हो योग।
परम प्राप्ति को कर्म कर, सत का नित्य प्रयोग।।

27.

यज्ञ दान तप से मिला, जो भी अवसर जान।
ईश मुदित जो कर्म है, कहते सत ये मान।।

28.

बिन श्रद्धा के जो करे, दान हवन का कर्म।
असत् कहाता है वही, जन्म-जन्म भव मर्म।।

❖

अध्याय 18

मोक्ष संन्यास योग

श्रीमद्भगवद्गीता का अठारहवाँ अध्याय योगेश्वर भगवान श्री कृष्ण की वाणी का सार है। इस अध्याय में कर्म और फल के त्याग का वर्णन है।

श्री कृष्ण कहते हैं कि निष्काम कर्म ही त्याग का उत्तम रूप है। ईश्वर के प्रति पूर्ण समर्पण और सात्विक ज्ञान ही मोक्ष के साधन हैं। वे ज्ञान, कर्म और कर्ता को सत्, तम और रजस गुणों में विभाजित करते हुए ईश्वर के शरणागत होकर निष्काम कर्म करने को मोक्ष का साधन बताते है।

1. अर्जुन उवाच (त्याग का विषय)

वासुदेव अब दीजिए, प्रभुवर ये संज्ञान।
तत्व त्याग संन्यास को, पृथक-पृथक लूँ जान।।

2. कृष्ण उवाच

काम्य कर्म के त्याग को, समझें कुछ संन्यास।
सभी कर्मफल त्याग कुछ, परमलोक की आस।।

3.

कर्म मात्र को दोषमय, त्याज्य कहें विद्वान।
यज्ञ दान तप रूप को, कहते ग्राह्य सुजान।।

4.

पुरुष श्रेष्ठ अर्जुन सुनो, प्रथम त्याग का तत्व।
त्रिगुणमयी है यह सदा, सत रज तम का सत्व।।

5.

यज्ञ दान तप ही सदा, होता पावन कर्म।
प्रज्ञामय है जो मनुज, जाने भगवत मर्म।।

6.

अतः पार्थ करना सदा, अनासक्त हो कर्म।
निश्चय मेरा मत यही, समझो उत्तम मर्म।।

7.

काम्य कर्म का त्याग ही, नित्य उचित है पार्थ।
नियत कर्म का त्याग पर, तमस मोह बस स्वार्थ।।

8.

कष्ट रूप है सोचकर, करे कर्म का त्याग।
वही त्याग राजस बने, मिले नहीं फल भाग।।

9.

शास्त्र विहित सब कर्म को, माने जो निज धर्म।
अनासक्त फल त्याग हो, सात्विकता है मर्म।।

10.

नहीं द्वेष आसक्तिमय, क्षीण कर्म या दक्ष।
सतोगुणी त्यागी वही, बुद्धिमान समकक्ष।।

11.

तनधारी यह जीव कब, करे कर्म का त्याग।
त्यागी है वह पार्थ सुन, त्याग करे फल भाग।।

12.

शुभद बुरा मिश्रित मिले, फल इच्छा प्रतिसाद।
कर्म फलों के त्याग से, मिलता नहीं प्रसाद।।

13. (कर्मों के होने में सांख्य सिद्धांत का कथन)

सांख्य शास्त्र में है लिखा, कर्म अंत जो सेतु।
सुनो पार्थ वह पाँच हैं, कर्म सिद्धि के हेतु।।

14.

कर्म सिद्धि के लिए, करे सब अधिष्ठान।
भिन्न-भिन्न कर्ता करण, देव योग संधान।।

15.

तन मन वाणी से मनुज, करे शास्त्र अनुकूल।
पंच हेतु ये जान लो, कर्म अगर प्रतिकूल।।

16.

मलिन बुद्धिमय हो मनुज, समझे नहीं यथार्थ।
शुद्ध रूप बस आत्म को, माने कर्ता पार्थ।।

17.

भाव अकर्ता रख हृदय, अनासक्ति हो कर्म।
पाप मुक्त होता मनुज, अर्जुन समझो मर्म।।

18.

ज्ञान ज्ञेय ज्ञाता सभी, कर्म प्रेरणा जान।
क्रिया करण कर्ता रहे, कर्म संग्रह मान।

19. तीनों गुणों के अनुसार ज्ञान, कर्म, कर्ता, बुद्धि, धृति और सुख के पृथक-पृथक भेद

ज्ञान कर्म कर्ता रहे, मर्म भेद गुण तीन।
शास्त्र ज्ञान संख्या कहे, पार्थ सुनो हो लीन।।

20.

पृथक-पृथक सब भूत में, परमात्मा को मान।
अर्जुन सात्विक जान ले, मिलता है जो ज्ञान।

21.

सब भूतों के भाव को, भिन्न-भिन्न ले जान।
उसी ज्ञान को पार्थ तू, सदा राजसी मान।।

22.

लिए देह आसक्ति में, युक्ति मुक्त है पार्थ।
तत्वज्ञान से हो परे, तमस ज्ञान वह स्वार्थ।।

23.

कर्म पूर्ण सात्विक वही, करता शास्त्र विधान।
फलासक्ति से दूर हो, राग द्वेष अभिमान।।

24.

कर्म परिश्रम युक्त जो, चाह भोग अनिवार्य।
अहंकारमय हो पुरुष, करता राजस कार्य।।

25.

हानि लाभ हिंसा सहित, करता नहीं विचार।
तामस वह अज्ञानमय, कर्म रहे संसार।।

26.

सात्विक होता वह मनुज, अहंकार जो मुक्त।
हर्ष-शोक से हो परे, धीर-जोश हो युक्त।।

27.

फलासक्ति में लिप्त जो, लोभी क्षुद्राचार।
परपीड़क होता सदा, वह राजस व्यवहार।।

28.

ज्ञानरहित हो आलसी, धूर्त भरे अभिमान।
पर दुख का कारण बने, पार्थ तामसी जान।।

29.

बुद्धि और धृति में सुनो, भिन्न-भिन्न है तत्व।
तीन भेद ये जान लो, पार्थ आज ये सत्व।।

30.

रहकर गृहस्थ में मनुज, रहे जनक सम राज।
परमात्मा में थिर रहे, शुक-सनकादिक काज।।

31.

धर्म व अधर्म से रहित, कर्म-अकर्म यथार्थ।
वही बुद्धि है राजसी, मान इसे तू पार्थ।।

32.

तमोगुणी हो बुद्धि जब, माने सब विपरीत।
धर्म-कर्म से हो परे, तमस बुद्धि अभिजीत।।

33.

भगवत विषयक बुद्धि जब, सतत करे सुविचार।
भजन ध्यान निष्काम सब, सात्विक गुण भव धार।।

34.

फलासक्ति रख जो मनुज, अर्थ काम अरु धर्म।
राजस धारण शक्ति वह, समझो अर्जुन मर्म।।

35.

पार्थ बुद्धि तामस रहे, होतां मानव दुष्ट।
नींद दुःख चिंताग्रसित, भयाक्रांत परिपुष्ट।।

36.

भरत श्रेष्ठ अर्जुन सुनो, सुख के तीन प्रकार।
ध्यान भजन सेवा रमण, करे विविध आचार।।

37.

गरल तुल्य लगता भले, पर वह सुधा समान।
ईश मनन से सुख मिले, सात्विक उसको मान।।

38.

इंद्रिय-सुख सम सोम रस, होता विष परिणाम।
अर्जुन वह सुख राजसी, करता नाश तमाम।।

39.

तन-मन से आसक्ति हो, मोहित करता भोग।
निद्रा आलस से जनित, सुख तामस का योग।।

40.

धरा गगन देवों सिवा, नहीं अन्य है तत्व।
प्रकृति त्रिगुण से हो परे, हुआ न कोई सत्व।।

41. (फल सहित वर्ण धर्म का विषय)
ब्राह्मण क्षत्रिय वैश्य अरु, शूद्र सभी के कर्म।
प्रकृतिदत्त गुण से हुए, वर्गित चारों धर्म।।

42.

मन निग्रह इंद्रिय दमन, क्षमाशील गुणवान।
वेद शास्त्र ईश्वर रमे, गुण ब्राह्मण का ज्ञान।।

43.

शूरवीर चातुर्य हो, धीर शील बलवान।
दानवीर बलवीर हो, क्षत्रिय की पहचान।।

44.

क्रय-विक्रय में सत्यता, वैश्य कर्म व्यापार।
सहज सरल रहता सदा, सेवा शुद्राचार।।

45.

अपने-अपने कर्म में, रत होकर इनसान।
परम सिद्धि को प्राप्त हो, अर्जुन कैसे जान।।

46.

जीव व्याप्त सब ईश से, चिंतन प्राणाधार।
मन वाणी अरु कर्म से, परम सिद्धि हो सार।।

47.

धर्म गुणी अन्यान्य से, धर्म श्रेष्ठ निज आप।
प्रकृति नियत निज धर्म ही, होता है निष्पाप।।

48.

अतः पार्थ यह जान लो, त्याग करें न स्वधर्म।।
रहे धुएँ में आग ज्यों, दोषयुक्त हर कर्म।।

49. (ज्ञान निष्ठा का विषय)
अनासक्त जो हैं पुरुष, लोभ हीन धृतिमान।
अंतर्मन को जीत कर, सहज कर्म ले जान।।

50.

ज्ञान योग के कर्म से, मिले ब्रह्म का ज्ञान।
सुनो सार कौंतेय वह, कहता हूँ ये मान।।

51.

शुद्ध बुद्धि से युक्त हो, करता सात्विक भोग।
विषय वस्तु का त्याग कर, राग-द्वेष सब रोग।।

52.

सात्विक धारण शक्ति से, अंतस रहता शुद्ध।
इंद्रिय संयम जो करे, होता वही प्रबुद्ध।।

53.

काम क्रोध मद लोभ अरु, करे परिग्रह त्याग।
परम ब्रह्म में लय रहे, होता वह तद्भाग।।

54.

हर्ष-शोक से हो रहित, परम ब्रह्म में लीन।
पराभक्ति को प्राप्त हो, योगी इच्छाहीन।।

55.

पराभक्ति आश्रित रहे, परमतत्त्व ले जान।
तत्क्षण मुझमें लीन हो, अर्जुन तू यह मान।।

56.

विरत कर्मयोगी रहे, अर्जुन मेरे नाम।
अविनाशी पद प्राप्त हो, करे पूर्ण भव काम।।

57.

अर्पण कर सब कर्म को, रहे बुद्धि सम योग।
सतत रखो निज चित्त में, निरत परम संजोग।।

58.

अर्जुन मुझमें चित्त रख, कर संकट सब पार।
दर्प उपेक्षा यदि करे, भ्रष्ट पुण्य संसार।।

59.

बँधा दर्प से है वृथा, समर करे इनकार।
स्वभावगत हे पार्थ तू, करे युद्ध लाचार।।

60.

वशीभूत हो मोह के, करता तू इनकार।
पूर्व कर्म से हो विरत, करे कर्म संसार।।

61.

काया रूपी यंत्र में, ईश सदा आरूढ़।
कर्म करे माया वशी, अर्जुन रहस्य गूढ़।।

62.

त्याग सभी आसक्ति को, चिंतन कर अध्यात्म।
परम शांति को प्राप्त कर, कृपा करे परमात्म।।

63.

अर्जुन इस विधि मैं तुम्हें, दिया गुप्त यह ज्ञान।
कर्म लगे उपयुक्त जो, निर्णय लो वह मान।।

64.

गोपनीय अति सुन वचन, अतिशय तुम प्रिय पार्थ।
इससे हितकर बात ये, कहता तुम्हें हितार्थ।।

65.

मुझमें ही मन को रमा, कर ले मेरी भक्ति।
प्राप्त मुझे होगा सुनो, रख मुझमें अनुरक्ति।।

66.

धर्म-कर्म सब त्यागकर, परम शरण कर ध्यान।
पाप मुक्त कर दूँ सभी, शोक छोड़ तू मान।।

67. (श्री गीता जी का माहात्म्य)

गीत रूप उपदेश यह, उसे कहो न सुजान।
भक्ति भाव तप से परे, दोष दृष्टि मम जान।।

68.

गीता के इस ज्ञान को, कहे मनुज जो सार।
परम प्रेम मुझसे करे, भव सागर हो पार।।

69.

अखिल धरा पर प्रिय मनुज, उससे बढ़कर और।
अर्जुन होगा भी नहीं, भावी में भी ठौर।।

70.

गीता वाचन जो करे, धर्म युक्त संवाद।
पूजित होता मैं वहीं, ज्ञान यज्ञ श्री नाद।।

71.

दोष दृष्टि से जो परे, सुनता गीता ज्ञान।
पाप मुक्त हो वह मनुज, श्रेष्ठ लोक को जान।।

72.

श्रवण किया क्या चित्त से, बोलो अब हे पार्थ।
नष्ट हुआ अज्ञान सब, पाया ज्ञान यथार्थ।।

73. अर्जुन उवाच

हे अच्युत करके कृपा, दिया मुझे सब ज्ञान।
मिटा मोह अज्ञान अब, अडिग हृदय हूँ जान।।

74. संजय उवाच

बोले संजय इस तरह, अर्जुन-हरि संवाद।
गुप्त अलौकिक तत्व का, सुना श्रेष्ठ सुर-नाद।।

75.

दिव्य दृष्टि दे कर कृपा, किया ब्यास जी मान।
गुप्त तत्व को मैं सुना, श्रीमुख से भगवान।।

76.

स्मरण करूँ संवाद को, अद्भुत अपरंपार।
आह्लादित होता हृदय, राजन बारंबार।।

77.

राजन हर्षित मन हुआ, देख विलक्षण रूप।
पाप नष्ट करते सदा, परमपिता हरि भूप।।

78.

जहाँ कृष्ण-अर्जुन रहे, राजन यही विचार।
अचल नीति है श्री विजय, सब विभूति संसार।।

❖

www.ingramcontent.com/pod-product-compliance
Lightning Source LLC
LaVergne TN
LVHW100321210926
848480LV00003B/1208

* 9 7 9 8 9 0 5 6 0 2 8 9 4 *